Y TÚ, ¿QUÉ VAS A HACER CUANDO VIVAS?

LAURA EVELIA

Y TÚ, ¿QUÉ VAS A HACER CUANDO VIVAS?

Reconstruye tu historia, tu vida, tu ser

Y tú, ¿qué vas a hacer cuando vivas?
Reconstruye tu historia, tu vida, tu ser

The library of Congress Cataloging-in-Publication Data
Laura Evelia
Y tú, ¿qué vas a hacer cuando vivas? / Laura E García

ISBN 978-0-9985777-4-6

Este libro se lo dedico a mi madre, Hilda de Jesús por ser un gran ejemplo de fortaleza, valor e inspiración. Me ha enseñado que las excusas son miedos dormidos y que sólo deben de usarse como razones para seguir adelante.

ÍNDICE

Introducción

Estando ahí sentada en la puerta principal de mi casa, observaba con gran curiosidad los papeles de mi divorcio. Era un 31 de diciembre. Escuchaba a la gente celebrar el comienzo de un año nuevo. Todos llenos de esperanzas, sueños y metas por cumplir. El ruido de los fuegos artificiales, las risas en la calle y los mensajes que recibía en mi teléfono diciendo: "Feliz año nuevo amiga", parecían suceder en cámara lenta. Era como si la vida quisiera que no me olvidara jamás de ese momento.

Al observar cómo desapareció en un instante todo lo que algún día me dio una identidad, me di cuenta de lo efímera que es la vida. Un matrimonio de 11 años estaba llegando a su final y la vida continuaba. Unas personas celebrando y otras llorando y la vida continuaba. Gente con sueños y metas por cumplir y otros sin esperanza de vivir y la vida continuaba.

Varias cosas pasaban por mi mente. Quería darle lógica a la simplicidad de la vida y su proceso. Quería justificar mi situación y detener el tiempo. Después de llorar, buscar culpables y sentir lastima por mí misma, entendí que la vida continuaba y continuaría a pesar de cualquier situación o cambio.

Cuando entiendes que la vida sigue y no espera a nadie, incluyéndote a ti, cuestionas si en verdad vale la pena quedarte estancado cuando algo no sale como lo planeas o sucede un evento inesperado.

Esa misma noche lo entendí y decidí vivir totalmente diferente mí vida. Decidí dejar la historia y el papel que por varios años había interpretado. Comencé a ver una realidad que jamás había pensado que existía y sólo por una simple decisión... VIVIR.

Mi deseo para ti es que al leer *"Y tú, ¿qué vas a ser cuando vivas?"* logres entender que hay una vida totalmente diferente de la que has vivido hasta el día de hoy. Es cierto, habrá retos que enfrentar y compromisos que cumplir, pero lo que recibirás a cambio, será de total plenitud.

Descubrirás cómo una nueva persona nace, y la forma en que experimentas el mundo se transforma ante tus ojos; donde puedes ver más allá de lo evidente y donde el único responsable de tu vida eres tú.

No te conformes con vivir una vida cómoda y segura, sin sueños o metas por cumplir, sólo por el miedo o la incomodidad de no hacerte responsable de hacerla realidad. Muchos seres humanos viven de forma automática, sin reconocerse a sí mismos, y mueren cada día en una vida de autoengaño.

Dejan de vivir para comenzar a sobrevivir y dejan de anhelar para comenzar a aceptar. No dejes pasar la oportunidad de cambiar de dirección, de crear un mundo diferente para ti. No renuncies a toda tu grandeza. Descubre al ser humano fuerte, decidido y poderoso que eres.

Renuévate cada día. Tienes el potencial de crear una vida extraordinaria y de vivir todo lo que tu mente y corazón desean, si trabajas por ello. Recuerda que tú solo serás el resultado de aquello a lo que te atreviste a soñar. ¡La decisión es tuya!

Así que, querido lector:

Y tú, ¿qué vas a hacer cuando vivas?

Laura Evelia

PRIMERA PARTE

Reconstruye tu HISTORIA

No importa tu origen. Tienes opciones en la vida
para reconstruir tu historia. No desde el pasado,
donde las opciones se limitan. Sino desde el presente,
donde las probabilidades se multiplican,
fortalecen y expanden.

La vida comienza cuando
estás atento a ella

CAPÍTULO UNO

¡DESPIERTA! LA VIDA TIENE ALGO PARA TI

La Vida No Toca a la Puerta

¿Cuántas veces hemos dejado de vivir para comenzar a subsistir? ¿Hemos dejado de sonreír para comenzar a fingir? ¿Hemos dejado de soñar y anhelar para comenzar a aceptar?

El mundo está lleno de personas muertas en vida. Caminan por la vida sin sueños, anhelos o esperanza alguna. Viven el día a día con la ilusión de que todo cambie de repente. En algún lugar del camino perdieron esas ganas de crear, soñar y vivir una vida mejor.

Recuerdo haberme sentido así en muchas ocasiones en mi vida. Estar rendida, sin fuerzas o motivos para seguir adelante, preguntándome constantemente: ¿Para qué? ¿A quién le importa? Y es ahí, en ese momento en el que simplemente no ves el motivo de tu existencia, cuando tienes una gran oportunidad ante ti. Renuncias y te rindes o luchas y vences. Es un momento decisivo para dejar de sobrevivir y comenzar a VIVIR. No hay otra opción.

Cuando el quedarte en el lugar que estás ya no es opción, haces todo lo que puedes para conseguir tus objetivos y seguir adelante. Cuando no hay otra opción que aprender un nuevo idioma, cuando te mudas a un país extranjero, lo aprendes.

Cuando no hay opción más que trabajar en todo lo que sea posible para pagar tu renta o estudios, trabajas. Cuando no hay opción más que levantarte después de una crisis y seguir soñando, te levantas. Cuando no hay opción más que luchar para cumplir tus metas porque no te puedes imaginar vivir una vida diferente, luchas.

La vida sigue su curso sin esperar a nadie. El tiempo no se detiene a que encuentres ese valor para tomar decisiones en tu vida. Nadie va a esperarte para que intencionalmente te decidas por algo mejor. No esperes a que todo se arregle y te sientas fuerte mental, emocional y psicológicamente. Tal vez, ese momento nunca llegue.

Pero, sobre todo, no permitas que todo lo que puedes realizar, se muera dentro de ti y sólo porque no te atreves a tomar nuevas decisiones y elegir vivir bajo nuevas expectativas.

¿Desafiante? Claro que sí, pero ¿de qué otra forma podrías descubrir toda tu grandeza?

EL MOMENTO DE DECISIÓN ES… HOY

Hay momentos en la vida en los que se tienen que tomar decisiones difíciles, que duelen y te niegas a hacerlo. Quizás surgen miedos, justificaciones o excusas que te detienen y sigues viviendo de la misma forma, tomando las mismas decisiones en tu vida y obteniendo los mismos resultados.

Convéncete de que no importa qué tanto retrases la espera de tomar esa decisión que cambie tu vida o qué tantas excusas acumules, la vida continuará su camino. No espera a nadie. Pero el día en que te decidas a comenzar a vivir, la vida te dará la bienvenida y te mostrará todo lo que está guardado para ti.

Ahora, no esperes que cuando te decidas a vivir plenamente todo será de color de rosa. No, todo lo contrario, tendrás que enfrentar el desafío más grande de tu vida: a ti mismo. Y es ahí cuando la mayoría de las personas renuncian y se conforman con la vida que llevan.

Tenemos la idea de que, con sólo desear vivir mejor, obtendremos resultados. Ese deseo lo tenemos todos los seres humanos en este mundo, pero se necesita más que eso, se requiere de un cambio total en tu forma de pensar, actuar y ser.

Lo ideal sería que tú mismo produjeras ese cambio en ti, de forma autónoma y consciente; sin embargo, la mayoría de las veces ese cambio llega a tu vida, lo busques o no y tienes que enfrentarlo si quieres seguir adelante.

Cuántas personas, por ejemplo, esperan a ahorrar o planear para un futuro y cuando llega una enfermedad, despido o crisis y no están preparados, cambia toda su perspectiva de vida. Su mundo se desmorona y comienzan a sobrevivir en lugar de vivir.

Cuántas personas están en relaciones o trabajos destructivos y se quedan ahí, toda una vida, sobreviviendo. No se dan cuenta de la gran astucia de la mente para justificar las situaciones. No examinan su vida y sólo esperan que algo suceda y traiga ese cambio que ellos mismos pueden generar en este momento.

ALGO MÁS

Tal vez crees que estás viviendo la vida que quieres. La pregunta es: La vida que tienes hoy ¿en verdad la disfrutas o sólo la aceptas? ¿Vives en el presente sin ataduras del pasado, odios, rencores, envidias?

¿Vives sin la angustia del futuro? ¿En verdad estás viviendo la vida que quieres y te imaginaste tener o sólo la que te ha tocado y te permites vivir?

En el momento en que te conformas con tu vida actual, aun cuando tienes el deseo, la capacidad y habilidad de cambiarla, sólo te llevará a la decepción. No permitas que eso te suceda, hay algo más. Descubre todo lo que puedes vivir y ofrecer.

Cuando decides quedarte en tu situación actual sólo por no incomodarte o hacer cambios, comienzas a entrar en una zona de complacencia e indiferencia. Los sueños que tenías cada vez los ves más lejos e inalcanzables. Encuentras justificaciones a tu realidad y renuncias a decidir y en verdad comenzar a vivir.

El estar consciente, primeramente, de que puedes vivir de acuerdo con nuevas expectativas, es un paso más para tomar las decisiones que te llevarán ahí. De lo contrario, una y otra vez tomarás las mismas decisiones o pondrás las mismas excusas.

Ahora, no se trata de dejar de vivir la vida que tienes hoy, sino de mejorarla. Dejar a un lado cualquier justificación, miedo o excusa y comenzar a tomar esas decisiones y acciones que la enriquecerán. El primer paso es tener el deseo de lograrlo y crear una nueva realidad.

Si consideras todas las opciones que tienes, te darás cuenta de que la inconformidad e insatisfacción en la vida, uno mismo la alimenta con las quejas y dudas. Y donde la esperanza de que llegue algo mejor se pierde en ese hábito.

Vale la pena descubrir y vivir una vida más allá de la que conoces hoy. No renuncies a ella. Tal vez no creas que tienes la capacidad para lograrlo, pero eso sólo lo sabrás cuando investigues, toques puertas y lo experimentes. ¡Descúbrete!

DESCANSA, PERO NO TE DETENGAS

Cuando tomas la decisión de VIVIR, recuerda que habrá momentos en los que no obtendrás lo que deseas inmediatamente. Los resultados quizás no serán los deseados y es precisamente ahí, cuando las ganas de seguir intentando una y otra vez no deben desvanecerse.

Hay un proceso entre el momento en que se toma una acción y se obtenga un resultado. Algunos resultados serán rápidos y sentirás la satisfacción inmediata y con otros se requerirá de más tiempo y aprendizaje.

No importa qué tanto tiempo se requiera, continúa avanzando, aprendiendo nuevas habilidades que te permiten crear la vida que deseas vivir. A paso lento si es necesario, pero continúa hacia adelante. Paso a paso. Descansa si es necesario, pero no te detengas.

No permitas que los desafíos te dejen a la mitad del camino. Continúa. Es en esos momentos en los que más quieres renunciar, que tienes la oportunidad de aumentar tu fortaleza mental y fuerza de voluntad. Desafíate día con día y moldea tu vida con los cambios que se te presentan.

Recuerda que nada es permanente, aun los cambios y desafíos mismos. Es cuando sigues adelante a pesar de tu propia duda, que un ser más fuerte y sabio se construye dentro de ti.

¿CÓMO QUIERES VIVIR?

Una manera de comenzar a vivir es descubrir lo que puedes lograr. Es cuestión de preguntarte cómo quieres vivir tu vida. La quieres ver pasar o quieres ser parte de ella. ¿Quieres vivirla con gran curiosidad, gozo y alegría?

Ahora, no significa que pretenderás que todo será lleno de felicidad y no habrá desafíos o frustraciones en la vida. Los habrá, y muchos.

Sin embargo, cuando comienzas a vivir de forma consciente, estarás alerta de aquello de lo que no tienes control alguno y, aun así, seguirás adelante, aprendiendo y disfrutando cada instante de tu vida.

En el momento en que comienzas a vivir desde la coherencia y realidad, tus anhelos, deseos y sueños se convertirán en una prioridad. Esos avisos internos te recordarán que es necesario salir de tu zona de comodidad si quieres lograr algo más, aprendiendo a sentirte cómodo ante lo incómodo.

Así que despierta y descubre todo lo que la vida tiene para ti. ¡Verás que es fascinante!

PUNTOS DE REFLEXIÓN

- **La vida** sigue su curso sin esperar a nadie.

- **Descubre lo** que la vida tiene preparado para ti.

- **El momento** de actuar y comenzar a vivir es HOY.

- **No mueras** en vida, queriendo algo mejor y esperando que suceda por sí solo.

- **No esperes** a que tu mundo se desmorone, para comenzar a vivir.

Conserva los momentos que te hacen sentir único y feliz

CAPÍTULO DOS

VIVE Y DEJA DE SER QUIEN NO ERES

El Mejor Recurso: Tú mismo

Cuando era pequeña pasé varios veranos en el campo con mis abuelos. Aún recuerdo ese olor a leña que mi abuela muy temprano preparaba para hacer el desayuno. Ella me levantaba a las cinco de la mañana todos los días para acompañarla al molino a moler el maíz, antes de que todos se levantaran.

Recorríamos esas calles solas y oscuras con un aroma a tierra mojada y el canto de los pájaros a nuestro alrededor. A nuestro regreso, mi abuela preparaba la maza para hacer las tortillas a mano, mientras el café y los frijoles en la olla de barro se iban calentando poco a poco.

Mi parte favorita de visitar a mis abuelos era cuando me iba con mi abuelo a cuidar a los borregos. Los llevábamos a comer y a caminar en los campos. Era una alegría verlos libres. De igual forma, sin perder un minuto, yo buscaba mi propia libertad. Me subía a lo más alto de los árboles con gran velocidad, sin miedo alguno y me quedaba horas ahí, disfrutando de la naturaleza y del sonido del viento.

Si me preguntas cómo era esa niña, podría decirte que era una niña soñadora, alegre, curiosa, con mucha imaginación, amante de la naturaleza y los animales. Pero poco a poco, con el paso del tiempo, yo misma fui apagando lentamente quién era en realidad y creando un nuevo personaje.

Mi participación en el mundo trajo muchos cambios en mi vida y la rutina fue pesando más que mis deseos de libertad y aventura. Poco a poco dejé de trepar a los árboles, llevar animales sin dueño a mi casa, dejé de explorar terrenos vacíos donde imaginaba historias de safaris y haciendo descubrimientos científicos. A mi corta edad, comencé a trabajar, crear rutinas y alimentar a un personaje serio, disciplinado y fuerte.

Comencé a adormecer cualidades que no encajaban en mi nueva vida.

Y no es que haya dejado de ser aquella niña soñadora y traviesa. Todavía hasta el día de hoy, veo un árbol y siento un deseo grande de escalarlo y quedarme horas viendo el paisaje desde las alturas. Aún está en mi corazón el deseo de tener un campo grande y que sirva de hogar a animales sin dueño o maltratados. Sin embargo, fui aprendiendo a ser alguien diferente que encajaba mejor en la historia que me contaba.

Cada ser humano es diferente. Quizá tú mantenías las cualidades y la personalidad que de niño tenías, pero algún momento traumático te marcó y decidiste ocultarlas. Quizá te dijeron que deberías ser diferente para encajar en tu círculo de amistades, trabajo, familia, sociedad, etc.

¿Qué personaje inventaste y prácticas en esta vida? ¿Quién en verdad eres cuando nadie te está viendo? ¿Qué te ha invitado el mundo a ser?

CADA DÍA... UNA HISTORIA

La gran influencia trasmitida a través de los años no sólo por la cultura, medio ambiente o sistemas de comunicación, sino por las personas cercanas a nuestro alrededor, han ido moldeando nuestra forma de ser.

Hemos aprendido a pensar, actuar y a comportarnos de cierta forma para encontrar un lugar en nuestra vida. Quizá tuviste que crear un personaje agradable para no sentirte rechazado, un personaje valiente para no sentirte temeroso, un personaje sarcástico para no sentirte herido o un personaje débil para sentirte protegido.

Al paso de la vida, el fingir quien no eres para sentir aceptación o llenar una necesidad emocional, te aleja de tu verdadero ser. Llega el momento en el que olvidas quién eres en realidad, opacando lentamente tu verdadera personalidad y esencia.

Si alguna personalidad que desarrollaste en el pasado te ayudó a encajar en tu medio ambiente o te protegió en algún momento, pero hoy te causa pesar, modifícala. Te sirvió en el pasado, pero no significa que te servirá para el resto de tu vida. Más aún cuando te está dañando internamente.

Cuando comienzas a vivir una vida extraña por tanto tiempo, llega un momento en el que no quieres seguir viviendo así. No quieres vivir con miedos, culpas, engaños, razones ilógicas o insatisfacción personal. No quieres seguir diciendo SÍ cuando por dentro tu voz callada dice a gritos NO. No quieres seguir complaciendo a otros cuando te causa tristeza o sufrimiento. No quieres aparentar ser fuerte y tener el control absoluto cuando tu mundo interno se está desmoronando.

Algunas personas se dan cuenta de esto cuando llegan a perder todo en su vida o cuando al tenerlo todo no se sienten satisfechas. Cuando esa realidad toca a su puerta, comienzan a recordar a aquella personita que en algún momento fue feliz por ser ella misma. Esa personita que no necesitaba demostrar nada para ser querida y aceptada, hacerse la fuerte para que otros la respetaran, aceptar todo para no ofender a nadie o sentir culpa.

Quizá aparentas ser quien no eres porque en cierta forma eso te da una identidad y sientes la aprobación de los demás. Sin embargo, ¿a qué precio estás demostrando tu valía? ¿En qué te has convertido para sobrevivir y ser aceptado?

De antemano te digo que no tienes que probar nada para saber que vales o sentirse valorado. Con el simple hecho de tener vida, se te concede la gran oportunidad de creer y crear.

RECRÉATE A TI MISMO

Sin darte cuenta vas olvidando quién eres y cargas contigo experiencias que marcaron tu vida. Sólo cuando la culpa, angustia y frustración no te permitan seguir avanzando, decidirás recuperar tu vida.

¿Pero qué necesidad hay de esperar para comenzar a vivir? Cuando te des cuenta de que eres un ser humano con una consciencia viva y tienes el poder de decidir, cambiar y moldear tus ideas si así lo quisieras, dejaras de aparentar y comenzaras a recrear una forma diferente de vivir.

Por supuesto, es esencial hacer un inventario y un proceso de autoevaluación hacia ti mismo. No es algo agradable, si has pasado la mayor parte del tiempo fingiendo ser quien en verdad no eres.

Será desafiante volver a recrear tu verdadera personalidad cuando has apagado por tanto tiempo a ese ser original que eras. Y cualesquiera que sean tus razones, protección, miedo, chantaje, conveniencia, etc., al haberte alejado día con día de ti mismo, se te hará cada vez más desafiante el reconocer a la persona que ves cada mañana al espejo.

Se van creando máscaras que prohíben encontrar una individualidad propia, porque quizá no encaja con lo establecido o aceptado. Ahora ¿cuál es la forma de encontrar tu individualidad?

NO TE COMPARES... SOBRESALE

Tal vez crees que tu vida no es tan fascinante como la de alguien más y comienzas a compararte. Comienzas a buscar los detalles y las formas que se asimilen a esas personas que ves. Y empiezas a vivir una vida en relación con lo que alguien más hace, dice o es.

Quizás se te ha hecho creer, por ejemplo, que si no tienes lo que otros tienen o vives lo que otros viven, no eres valioso o te estás perdiendo de algo. ¿El resultado? la constante comparación con otros va disminuyendo y apagando tu individualidad y autenticidad.

¿Cuál es el fin de compararnos?

Nos comparamos por nuestra adictiva forma de pensar. Al pensar que sólo seremos felices si tenemos lo que alguien más tiene o vive. Existe una insatisfacción personal o carencia, que consciente o inconscientemente, creemos tener. No nos gusta ser vistos o reconocidos como seres inferiores y constantemente nos comparamos con aquellos que creemos que tienen lo que nosotros queremos.

Nos hundimos en esa lucha de correr por conseguir lo que otros tienen o ser como otros son. Y aun si logramos obtenerlo, probablemente la persona con la que nos comparamos podría estar logrando mucho más. Es una carrera sin final.

Sin embargo, la constante comparación, el querer parecernos o tener lo que otros tienen, nos convierte en copias falsas. No hay originalidad. No hay vida propia.

Buscamos tener, pensar, sentir y hacer lo que otros hacen, sin preguntarnos si eso realmente nos hará sentirnos alegres y satisfechos con nosotros mismos.

Nos deslumbra su vida en el exterior, sin darnos cuenta de sus cargas internas. No nos tomamos el tiempo de reflexionar si en verdad queremos ser como alguien más. No cuestionamos qué implica lograr lo que otros tienen. Tal vez, esas personas invierten largas horas de trabajo, disciplina, rutinas, momentos de frustración, pocas horas de sueño, lidiar con miedos, dudas etc.

Si no estamos dispuestos a hacer lo que otros hacen, la comparación sólo nos perjudica personalmente. Porque al final, siempre habrá alguien más inteligente, atractivo, capaz, sociable, saludable, con mejor trabajo, posición, poder, etc., que nosotros. Entonces ¿por qué autocastigarnos al compararnos?

El compararte, poco a poco va eliminando tu fortaleza interna. Vas alimentando tu creencia de que no eres capaz de lograr lo que alguien más ha logrado. No permitas que te atrape esa burbuja de percepciones.

Busca lo que te hace único a ti y mejóralo día con día. De esa forma comenzarás a sobresalir en lugar de seguir, desarrollando una disciplina sólida para lograr tus objetivos continuamente. Tu deseo de superación y disciplina son tus mejores aliados para que la comparación se desvanezca y surja ese ser que en verdad eres.

En ese momento en el que comienzas a entender quién eres en verdad, estarás dispuesto a perder todo lo que eres hoy para reinventarte en todo lo que serás mañana. Y donde tu historia no pasará desapercibida, porque será escrita y vivida por ti.

PUNTOS DE REFLEXIÓN

- **La comparación** atrasa tu crecimiento y te debilita.

- **El mejor** recurso para crecer y lograr tus metas ya te fue concedido… TÚ MISMO.

- **Aprende** a conocerte a ti mismo.

- **Reconoce** que cada ser humano es distinto y tiene sus propias luchas internas.

- **Disfruta** lo que te hace único y mejóralo día con día.

Los momentos que vives
no se repiten… ¡Atesóralos!

CAPÍTULO TRES

VIVE Y DEJA TU PASADO VOLAR

Sé una Luz, No un Pantano

El aferrarnos a un pasado que ya no existe es como querer detener el agua de un río, rodeándolo con un surco. El agua por supuesto se estancará ahí por días, meses o incluso años, hasta que logre encontrar otro camino y seguir o se consuma lentamente.

De igual forma, nuestra vida es como un río que sigue su curso y puede encontrar en su camino piedras u obstáculos, hasta que *mentalmente nos estancamos* en un surco.

Cada vez que experimentas algo durante tu camino, no importa si fue agradable o no, si vives recordándolo continuamente, te estarás estancando en su recuerdo. Estarás creando ese surco que no te permite seguir tu camino. Por ejemplo, si experimentaste algo desagradable, el estar recordándolo de manera constante sin haber logrado digerirlo psicológicamente, te afectara de igual forma, estancándote mentalmente.

Por el contrario, si tuviste una experiencia que disfrutaste, el desear repetirla aun cuando ya no es posible, también te roba energía, tiempo y te deja atrapado en el recuerdo.

Hay millones de personas que viven estancadas en su pasado, queriendo revivir u olvidar experiencias vividas que a largo plazo sólo las lastiman interna y emocionalmente. Si ese es tu caso, simplemente trabaja con él o acéptalo, el pasado muchas veces no puede desaparecer completamente o se puede cambiar, pero sí puedes renunciar a él. Construye una nueva historia.

Hasta el día de hoy, tal vez has creído que todo lo que te pasó no te lo merecías. Quizá sea cierto, quizá no era necesario el haber sufrido maltrato, egoísmo, violencia, hambre, carencias, etc. Quizá te merecías una vida plena, tranquila, llena de abundancia y amor. Quizá tu pasado no fue como te hubiera gustado que fuera.

Pero al responderle al pasado con amargura, coraje, odio u otros sentimientos de venganza, lo único que se logrará es una sensación de derrota continua. Sal de ese ciclo repetitivo de memorias que sólo te atormentan continuamente. Es momento de dejar el pasado volar y mejorar la calidad de tu vida, nutriendo tu fuerza interna.

CUANDO EL PASADO PARECE SER MEJOR QUE EL PRESENTE

He escuchado tantos relatos de personas que reviven diariamente sus historias. Viven recordando ese trabajo que algún día tuvieron, esa pareja que ya no está, esa casa que compraron y perdieron, ese cuerpo que tenían, esa familia que se desintegró, esos momentos que disfrutaron, esas experiencias que los marcaron, etc.

Yo misma por muchos años me aferraba a un pasado que ya no existía. Me pasaba los días reviviéndolo mentalmente. Quería regresar el tiempo y decir aquello que en su momento no dije. Repetía mentalmente cada acción que tomaría si tuviera la oportunidad de vivirlo nuevamente. Sin embargo, al darme cuenta de que no podía cambiar mi pasado, una gran frustración, tristeza y culpa se empezó a desarrollar en mí, causándome depresión crónica.

Creía tanto que mi pasado era mejor que mi presente y así parecía. Por ejemplo, en mi pasado tenía un hogar que me gustaba, una casa en la que me sentía feliz, unos amigos que quería y apreciaba, una carrera que siempre soñé, un estilo de vida que a mi parecer era inigualable. Y de pronto, todas esas cosas dejaron de ser parte de mi vida.

En ese momento la angustia me atrapó. Llegué a creer ciegamente que no tendría la oportunidad de reinventarme y que lo mejor que podría tener en mi vida, ya había sucedido.

No me estaba dando cuenta de que en el momento en el que dejara de concentrarme en el pasado, tendría más tiempo y energía para vivir mi presente y planear mi futuro. Por supuesto, cuando estás viviendo personalmente una situación, no ves alternativas o soluciones, sólo quieres volver a aquello que conoces, que es familiar y que en cierta forma te daba una identidad.

La mente es tan poderosa que creará realidades y te hará sentir que algunas situaciones son únicas y será mejor retenerlas para siempre. Pero el jugar con esa ilusión de lo que fue y no es, es algo peligroso. Te lleva a vivir vidas que ya no existen en tu realidad y te mantienen atado a un espejismo que no te deja avanzar.

Sé sabio al distinguir que cada situación que vives es única y tú mismo le pones el significado que tendrá en tu vida. No te permitas creer que ya has vivido lo mejor, cuando lo mejor lo *PUEDES CREAR* tú. Pero ese proceso sólo será descubierto en el momento en el que valores y aprendas de cada instante.

¿QUIERES CAMBIAR TU PRESENTE?

Vive y deja tu pasado. Ahora, no estoy proponiendo olvidar de dónde vienes, las cosas que te hicieron fuerte o te hicieron más sabio. O incluso que olvides aquellas experiencias agradables. Al contrario, me refiero a que agradezcas cada experiencia vivida y disfrutes lo que estás viviendo en el presente, sin comparaciones.

En la comparación siempre habrá un perdedor y *cuando sólo has vivido tu pasado, tu futuro no tiene oportunidad de sobresalir.* Permítete recordar lo vivido, disfruta lo que estás viviendo y espera con ansias lo que vivirás.

También algunas veces tu deseo de regresar a tu pasado es por aquellos sentimientos y emociones que viviste. Si alguna experiencia te hizo sentir importante, amado, contento, valorado, etc., por supuesto que te gustaría volver a repetirla. Y eso es lo que la mayoría de las personas quieren cuando viven atados a un pasado, buscan que esos momentos duren para siempre.

Se busca la inmortalidad de esos momentos que generan en ti sensaciones inolvidables. Aquellos momentos que te hacen sentir invencible, pleno, feliz, único y no sólo por esas emociones, sino porque crees que nunca se repetirán. Y es así. Los momentos no se repiten por más que desees o trates de rehacerlos.

Por esta misma razón, cuando estés viviendo un momento en tu vida que te haga sonreír y sentir una paz interna, disfrútalo mientras dure. No esperes que se repita porque aun cuando se repitiera, la sensación sería diferente, tú serías diferente.

Así que una vez que termina ese momento, no luches por conservarlo, detenerlo, repetirlo, o morirás en su memoria. Continúa viviendo curioso y atento a la vida hasta que esas experiencias que llegan sin previo aviso aparezcan y te haga sentir vivo nuevamente.

Pero, sobre todo, no esperes que cada experiencia vivida vuelva a ser la misma. Si lo que deseas es revivir sentimientos y emociones de experiencias del pasado, comienza a crearlas y diseñarlas hoy en tu presente.

Lo único que necesitas es una decisión, la decisión de vivir HOY.

APRENDE Y ACEPTA

Recuerda, *tu pasado debe ser recordado para medir tu progreso.* No colecciones culpas, angustias o derrames lágrimas por un pasado que tuvo su tiempo y espacio. El querer aferrarte a él, sólo creará más justificaciones e historias para no enfrentar tu vida actual y vivir todo lo que necesitas vivir.

Tal vez tengas miedo de que tus mejores años ya pasaron. Quizás sí, quizás no, eso sólo lo sabrás hasta que tú decidas vivir plenamente tu presente, sin ataduras o miedos. *Al vivir recordando y queriendo repetir un pasado, te estás robando la oportunidad de vivir tu presente.*

Está en tu control dejar que el pasado no sea más una sombra en tu vida. Tienes el control de cambiar de dirección, mirar hacia otro lado y aprender a vivir algo diferente. Tienes en tus manos la oportunidad de reconocer, crear y cultivar un sinfín de experiencias en tu presente.

Una simple decisión que tú puedes tomar puede cambiarlo todo, puede cambiar tu vida entera y llevarte a un destino totalmente nuevo. Sin embargo, no es algo que se te dará, es algo que tienes que buscar día con día en esos pequeños momentos de la vida diaria.

Cuando mantenemos vigente nuestro pasado y vivimos en él, se crea un espejismo de satisfacción. En cierta forma está llenando una necesidad. Por ejemplo, si no hiciste algo y sientes culpa, recordarás la situación una y otra vez como forma de autocastigo.

También, si lograste algo que te hizo sentir satisfecho contigo mismo, esto causa que desees recordarlo o revivirlo continuamente. Por supuesto, esto creará una resistencia interna a todo lo que experimentes en tu presente, comparando constante entre lo que vives y lo que viviste.

Cada uno de nosotros tenemos la capacidad de construir nuestra vida y transformarla. Tienes ante ti la oportunidad de seguir conociéndote, queriéndote cada día y aceptando que no eres lo que creías que eras, ahí es donde comienza el verdadero reto.

Cuando comprendas que lo que vives a cada instante es todo lo que existe y que tus recuerdos son sólo una recreación de tu mente, el pasado perderá su fuerza. Y será cuando intencionalmente *dejarás de subsistir de tus recuerdos y comenzarás a vivir de tus experiencias.*

Haz paz con tu pasado...

PUNTOS DE REFLEXIÓN

- **No permitas** que la sombra de tu pasado te robe la oportunidad de vivir tu presente.

- **Los momentos** no se repiten por más que desees o trates de repetirlos.

- **El vivir** estancando en tu pasado causa frustración y angustia interna.

- **Tu pasado** debe ser recordado solamente para medir tu progreso.

- **Vive curioso** y atento a la vida que vives en tu presente. Ésta no se repetirá.

Cuando la oportunidad llegue…
abre la puerta

CAPÍTULO CUATRO

VIVE Y DEJA DE AUTO SABOTEARTE

Tu Valentía: Sácala

Hoy más que nunca hay que tener valentía para salir al mundo y ser diferente. Buscar esa parte de nosotros que por años se ha dormido. Hoy más que nunca, este mundo necesita gente auténtica, consciente, pensante, responsable, gente alegre con lo que son y que saben que pueden ser mejores.

Es esencial ser valiente en un mundo donde se han creado burbujas imaginarias y se presiona de diferentes maneras para formar parte de ellas. Es momento de explorar las habilidades que te hacen único y que pueden beneficiar al bien común.

Por supuesto, no se trata de que te conviertas en alguien prepotente y soberbio que cree saberlo o tenerlo todo, sino todo lo contrario; alguien que poco a poco va descubriendo la grandeza que tiene y que se ha ido marchitando en el camino.

Por otro lado, para lograr redescubrir aquello de lo que eres capaz y tu fuerza mental, se requiere que te retes a ti mismo, que busques el mejoramiento continuo, pero, sobre todo, que retes la ideología que te has formado sobre ti y ha sido tu guía por tantos años.

Esa ideología o creencias sobre ti mismo juegan un papel muy importante porque son esas las que te detendrán. Por ejemplo, vas por la vida pidiendo y deseando experimentar nuevas cosas y cuando se te concede, de forma consciente o inconsciente eliminas esa oportunidad.

Cuando estás a un paso de lograr tus metas o vivir la vida que te satisface, llega ese amigo inseparable e inalcanzable, el AUTOSABOTAJE. Le cierras la puerta a aquellos momentos que deseas, impidiendo vivirlos. Ahí está el verdadero reto: identificarlo.

TU RELACIÓN CON EL AUTOSABOTAJE

El autosabotaje es simplemente una forma de protección. Tú mismo, inconscientemente, te estás protegiendo de salir de tu zona de comodidad. Existe un miedo interno que te hace pensar que no estás lo suficientemente preparado o eres capaz para enfrentar los cambios, desafíos, formas de pensar y actuar. Así que, de forma sutil, buscas la salida a ese cambio.

Esta relación con el autosabotaje se va fortaleciendo con el paso de los años.

Vamos por la vida queriendo vivir una vida diferente y nosotros mismos creamos obstáculos que nos impiden seguir adelante. Por ejemplo, ¿recuerdas la última vez que estabas a punto de lograr tus metas y por una u otra razón, no se completaron?

Quizá empezaste un proyecto y justo antes de terminarlo, decidiste posponerlo. Tal vez buscaste un trabajo por tanto tiempo y una vez que te lo dieron, decidiste no tomarlo. Quizá deseaste empezar una relación y cuando estabas a punto de comprometerte, decidiste que no era el mejor momento. O cuando tienes una cita muy importante que podría cambiar el rumbo de tu vida, no llegas a tiempo. ¿Te ha sucedido?

Desafortunadamente, cuando este tipo de situaciones surgen, la creencia de la mayoría de los seres humanos es pensar que es el resultado de un plan divino. Las frases que más he escuchado en los entrenamientos o conferencias que realizo son: "No era para mí", "Todo pasa por algo", "Dios sabe lo que hace", "Así lo quiso el destino", "Ni modo, ya será para la otra", etc. Sin embargo, no se dan cuenta de que, inconscientemente, se han auto saboteado y buscan encontrar una justificación razonable ante lo sucedido.

Al final, es mejor pensar que algo externo ocasionó el resultado, que aceptar que sus propios miedos y limitaciones los detuvieron.

APRENDIENDO A VIVIR

¿Cuántas cosas has dejado de hacer, decir o vivir porque tú mismo crees que no te lo mereces? ¿Cuántas cosas empiezas a hacer con gran ilusión para que en un instante desistas de lograrlas?

Tal vez un pequeño error en el pasado fue suficiente para creer que no eres merecedor de tus deseos. Sin embargo, no habrá experiencia alguna que puedas disfrutar en su totalidad hasta que te permitas cambiar la forma en que has vivido hasta el día de hoy.

Te preguntarás: pero ¿cómo puedo aprender una nueva forma de vivir? De la misma forma en que aprendes a hacer algo nuevo, a través de pequeñas acciones y pensamientos continuos.

Por supuesto que al principio te sentirás incómodo al experimentar algo nuevo, no importa si es una idea, actitud o actividad. Aun así, sigue adelante. Si a pesar de la incomodidad continúas, tu cerebro comienza a crear nuevas conexiones neuronales. Esas conexiones son las que crean nuevas direcciones de acción y pensamiento, creando más confianza en ti mismo.

También es esencial que evalúes tus creencias y aquello que no te funciona. Elije qué quieres creer. Elije vivir sin limitaciones mentales. Hasta ahora, quizá has adormecido ideas, actitudes o cualidades natas que tenías cuando eras niño. Vuelve a experimentarlas. El volver a aprender y descubrir aquello que te hacia único y poder incorporarlo en tu vida actual, es lo que hará la diferencia en tu vida.

El ser único ya te fue concedido, ahora, el demostrárselo al mundo va a requerir algo más de ti. Va a requerir una voluntad de acero para retar cada una de las conductas saboteadoras que te detengan en tu vida. Va a requerir demostrar tu originalidad, donde el autosabotaje ya no es una opción.

UNA COSA A LA VEZ

Otra razón escondida dentro del sabotaje es la falta de concentración. Se desea hacer varias cosas a la misma vez y al no obtener los resultados esperados, se evita volver a tomar acción.

Por ejemplo: ¿Cuántas veces has querido terminar varias cosas a la vez? ¿cuántas veces has sentido esa necesidad de lograr diferentes actividades en un sólo día?

De hecho, vivimos en una sociedad donde se alaba y se gratifica el llamado "multitasking". Entre más demuestres que puedes hacer mil cosas a la vez, más te hace sentir satisfecho. Sin embargo, ¿qué tan eficientes son tus resultados cuando divides tu atención? Tenemos la ilusión de que podemos realizar diferentes actividades al mismo tiempo, con gran precisión y efectividad.

Por supuesto, no estoy diciendo que no tienes la capacidad de hacerlo. A lo que me refiero es que, al hacerlo, divides tu energía, tiempo y enfoque a diferentes objetivos y hará más desafiante tener un resultado efectivo. Al dividir tu atención, poco a poco te vas alejando de tus metas.

Por otro lado, cuando hay un enfoque total en una sola actividad por un período de tiempo, podrás obtener un mejor resultado, ya que toda tu atención y energía están enfocadas.

De acuerdo con investigaciones realizadas tanto por la Universidad de Michigan y la Universidad de Londres, el llevar a cabo varias actividades al mismo tiempo tiene sus propios límites y consecuencias. Por ejemplo, estos estudios demostraron que al cambiar de una tarea a otra constantemente se pierde hasta un 40 por ciento de tiempo productivo, incrementa el agotamiento mental, ansiedad, se retiene menos información y se cometen 3 veces más errores. Además de que la productividad y eficiencia disminuyen.

El hacer varias actividades y no terminarlas o tener que revisarlas, no sólo te quita tiempo y energía, sino que además te desanima a empezar algo diferente u otra actividad.

Recuerda que no es la persona que hace varias cosas a la vez la más efectiva, sino la que entrega su 100 por ciento en cada una de ellas. Cuando entrenas a tu mente a enfocarse en una sola actividad y te sumerges en la acción, las probabilidades de que obtengas más y mejores resultados son aún mayores. ¡Inténtalo!

CUIDA Y MANEJA TU TIEMPO

Primeramente, no te creas el cuento de que tienes tiempo para planear tu futuro. Vivimos la vida creyendo que seremos eternos o que tendremos tiempo para hacer de nuestra vida una prioridad después. Si realmente quieres vivir la vida que deseas, el tiempo es hoy.

Hoy es cuando puedes empezar a vivir. No hay espera alguna. El cambio puede surgir en un instante, el instante que tú decidas. Sin embargo, muchos de nosotros buscamos el cambio cuando ya no podemos más, cuando nos conviene o queremos obtener algo.

Desafortunadamente, en algunos casos, el evitar el cambio no nos ayuda a madurar y vivimos con la ilusión de que nos queda tiempo o comenzamos a sabotearnos.

Cada día, mes o año que pasa, es uno menos que tú tienes en tu vida. No lo desperdicies. No busques excusas para no enfrentar tu realidad. No hay tiempo.

No hay tiempo de vivir una vida que no quieres, de aceptar cosas que te causan tristeza, frustración o coraje. No hay tiempo de querer cambiar a otros o de querer ayudar a quien no quiere ayuda. No hay tiempo de aparentar una realidad que no existe. No hay tiempo para autoengaños.

No hay tiempo de seguir almacenando cosas viejas, internas o externas, que con el tiempo se pudren y muchas de ellas ya se han podrido dentro de nosotros. El tiempo es limitado.

Así que recuerda, no hay tiempo que esperar. Nadie más disfrutara de tus resultados más que tú. Toma acción y deja de auto sabotearte.

La próxima vez que desees posponer algo, recuerda que algunas oportunidades no se repiten o les llegan nuevamente a aquellos que en su momento las rechazaron.

PUNTOS DE REFLEXIÓN

- **El ser único** ya te fue concedido, ahora comparte tu grandeza con el mundo.

- **En ti están** todas las respuestas que buscas, ESCÚCHATE atentamente.

- **No hay tiempo** para sabotear tus deseos.

- **Cuestiona** las creencias que te hacen dudar.

- **El ser y mantenerte auténtico** va a demandar una voluntad de acero.

*En el silencio encuentras
tus respuestas más anheladas*

CAPÍTULO CINCO

ENCUENTRA TUS PROPIAS RESPUESTAS

Adicción al Positivismo

Por más de 10 años en los que he estado dando entrenamientos, hay algo que continuamente descubro: La gente se hace adicta a que le den las respuestas. Hay una adicción a que nos digan lo que deseamos escuchar, buscamos respuestas y resultados rápidos que confirmen nuestro pensamiento.

No nos damos cuenta de que todas y cada una de las respuestas que buscamos afuera, las podemos encontrar nosotros. Porque nadie te conoce más que tu mismo.

71

Si te tomas el tiempo de conocerte, de entender tu pasado y de enfrentar toda tu oscuridad, encontrarás eso que tanto anhelas. Es ahí, precisamente, en los momentos de introspección, que encuentras tus propias respuestas y comienzas a vivir.

Es cierto, es más cómodo esperar a que alguien nos diga qué hacer, qué pasos tomar y cómo encontrar las soluciones a nuestra vida. Pero aun cuando recibas las instrucciones paso a paso, no podrás encontrar ese desarrollo y evolución que se necesita. ¿La razón?

Tú mismo tienes que llegar a la conclusión para poder hacer el cambio y tomar acción. No habrá persona en el mundo que pueda generar un cambio en ti, más que tú mismo. Cuando alguien más te da la respuesta, la entiendes lógicamente, pero no se llega a interiorizar y el cambio no se produce. Tiene que haber un entendimiento desde tu interior y en donde tu corazón, alma y mente se conectan.

Es un proceso muy desafiante porque se necesita escarbar, remover historias, ideologías, creencias, etc. Algunas de ellas dolorosas. Pero es sólo a través del autoconocimiento profundo que entiendes tus acciones y decisiones.

Cuando llegas a entender, por ejemplo, porqué tienes envidia, de dónde surge tu perfeccionismo, victimismo, la necesidad de tener el control, la competencia, etc., ese lado oscuro que no nos gusta explorar y mucho menos aceptar, empezaras a sentir una libertad profunda de tu ser.

Comenzarás a vivir consciente de tu lado oscuro, pero no siendo oprimido por él.

TODO TIENE UN PROCESO

Vivimos en tiempos donde se está creando una cultura con soluciones inmediatas. Se busca obtener resultados de la forma más fácil y rápida posible, sin esfuerzo o disciplina alguna. Es cierto, estamos en una época con muchos cambios y se requiere de nuestra acción instantánea. ¿Pero a cambio de qué?

Se quieren tener cuerpos perfectos SIN hacer ejercicio o tener una alimentación balanceada; se quieren los resúmenes de los libros, para NO leerlos completos; se desea que funcionen las relaciones personales SIN dedicarles tiempo y atención; se busca el conocimiento SIN la disciplina del estudio o experiencia; se buscan resultados excelentes SIN el esfuerzo o incomodidad.

Es cierto, las soluciones inmediatas te pueden sacar de los apuros y desafíos a corto tiempo; sin embargo, se está olvidando que todo tiene su proceso y que aquello que se apresura sin permitirle pasar por él, pierde su esencia en el camino. La naturaleza, por ejemplo, tiene su proceso. La cosecha y la vida humana misma, en cada una de sus etapas, tienen un proceso. ¡Respetémoslo!

En el momento en el que le das más valor a la recompensa inmediata y te olvidas del proceso mismo, estás eliminando una parte esencial en tu crecimiento y maduración, que es el APRENDIZAJE.

Cuando aceptas y vives tu proceso, aun los que no te agradan, le estás agregando experiencia, aprendizaje, nuevas formas de actuar y pensar a tu vida. Tu carácter se agudiza y tu sabiduría se expande, madurando emocional y psicológicamente. Pero se necesita de mucha fuerza de voluntad para resistirse al resultado instantáneo.

El sentirte incómodo por un tiempo durante el proceso, te da la ventaja de valorar y disfrutar lo que vives después de una manera permanente y no fugaz, eliminando la adicción a la recompensa inmediata.

Así que analiza tu vida. No aceptes o busques soluciones inmediatas o conocimiento exprés. Te mereces más que eso. Eleva tus estándares.

Conviértete en un SER que con paciencia y disciplina vive su propio proceso. Es a través de ese proceso de vida y aprendizaje, que la sabiduría llega y encuentras tus propias respuestas.

PRESTA ATENCIÓN A LA INFLUENCIA

¿Cuántas de tus opiniones, ideas o creencias, en verdad, son tuyas? ¿Cuánto de lo que piensas, dices y haces está basado en lo que realmente eres?

La mayoría de los pensamientos, creencias y opiniones son el resultado de la herencia social. Lo que creen u opinan las personas con las que te asocias, crea fuertes convicciones en ti.

Todo surge de la tendencia que tiene el ser humano de imitar lo que otros hacen, dicen o piensan sin *CUESTIONARLO*. Incluso, cuando tú no crees ciertas cosas, la constante asociación te lleva a absorber lo que otros piensan y creen y gradualmente vas aceptando sus creencias.

Los hábitos se observan, se aprenden y se desarrollan. Y la constante asociación con otras personas y los medios sociales no sólo cambia tus opiniones y puntos de vista, sino que va debilitando tu propio pensamiento. Llega el momento que todo se acepta sin cuestionar y sólo esperas que alguien más te dé una respuesta a lo que afecta tu ser y tu vida.

Por supuesto, es más fácil aceptar lo que alguien más dice, que tener la tarea de investigar y pensar por cuenta propia. Por otro lado, en el momento en que comienzas a cultivar ideas ajenas o buscas respuestas exteriores, vas perdiendo poco a poco tu identidad, tu esencia y la posibilidad de ser un pensador libre y auténtico.

Así que antes de buscar alguna respuesta externa, que te limite a vivir, cuestiónate a ti mismo, investiga, usa tu mente y decide si aceptas o rechazas cualquier idea impuesta que no te beneficia. Tienes el gran privilegio de pensar, crear y llegar a tus propias conclusiones y respuestas.

¿QUIÉN DIJO QUE ERA FÁCIL?

Desafortunadamente, algunas veces se buscan las respuestas afuera porque es una forma de evitar la responsabilidad. Si algo no sale como se espera, es más fácil decir que se siguió el consejo de alguien más que asumir la propia responsabilidad, aceptar errores y trabajar para mejorarlos.

Sólo recuerda que todos llegamos a este mundo sin saber nada y poco a poco fuimos aprendiendo. Es en el caminar y aprendizaje diario que nos vamos complementando y que nos vamos conociendo mutuamente. Así que no hagas de otra gente tus ídolos, ellos también están aprendiendo y buscan respuestas. Quizá algunas respuestas que ellos buscan, tú mismo ya las tienes. No minimices tu sabiduría interna.

Es cierto, no será fácil comenzar a conocerte y entenderte a ti mismo por primera vez. Se necesita de cambios internos y externos, cambios de pensamiento, cuestionamiento, hábitos y de cómo percibes tu realidad. Pero ese camino te prepara para crear una nueva forma de vida sin historias dramáticas, exageradas, sin culpables o con significados elaborados.

No esperes a que alguien más guíe la vida que sólo tú puedes guiar. Donde sólo tú puedes ser tu propio líder porque nadie puede llegar a conocerte tanto como puedes conocerte a ti mismo. Cuando entiendas que todo te fue concedido y que sólo tú lo fuiste alejando cada día de ti, entenderás que el serte fiel a ti mismo, es el mejor camino para un entendimiento absoluto.

Así que no renuncies a tu grandeza, ni permitas que la seguridad pasajera que te ofrecen las respuestas externas, te limite a vivir una nueva realidad. Aprende a escuchar y confiar en tu sabiduría interna, ésta sabrá guiarte en las decisiones más importantes de tu vida. ¡Escúchala!

PUNTOS DE REFLEXIÓN

- **No esperes** que alguien más guíe la vida que sólo tú puedes guiar. ¡La tuya!

- **No hagas** de otra gente tus ídolos, ellos también llegaron a este mundo sin saber nada, están aprendiendo y buscan respuestas.

- **Acepta y vive** tu propio proceso con paciencia y disciplina. Es ahí donde encontrarás tus propias respuestas.

- **Lo que creen** u opinan las personas con las que te asocias, creará fuertes convicciones en ti. ¡Cuidado!

- **No habrá** persona en el mundo que pueda generar un cambio en ti, más que tú mismo.

SEGUNDA PARTE

Reconstruye tu VIDA

Para cultivar y disfrutar nuevas experiencias de vida,

se tiene que crear el espacio para vivirlas.

Hay una elección en cada situación.

No renuncies. No te limites.

El valor más importante es el que te generas tú mismo

CAPÍTULO SEIS

DESCUBRE TU VALOR

Cultiva la Mejor Relación… Contigo Mismo

"La niña no está tan feíta ¿verdad?" Esas fueron las palabras que mi padre le dijo a alguien más, mientras me miraba cuando estaba en la sala de mi casa. En ese momento no entendí el impacto que unas simples palabras podrían llegar a tener. Por supuesto, éstas se quedaron grabadas en mí por varios años de mi vida porque yo le creí a mi padre.

Aun cuando entré a la adolescencia y los chicos me invitaban a salir, me sentía fea. Aun cuando recibía comentarios halagadores, me sentía fea. Era como si otras personas no podían ver lo que yo veía en el espejo, una persona "feíta".

A veces basamos nuestro valor propio con base en lo que escuchamos durante nuestro crecimiento. Quizá, al igual que yo, alguien hizo un comentario que te creíste automáticamente sin cuestionarlo. Por ejemplo, si escuchaste frases como: "Eres un tonto, nada te sale bien, tú no vales, no piensas, no eres como tus hermanos", etc., dejaste de creer que eras valioso y único. El constante recordatorio de lo que otros creen que eres o no eres, debilita el valor que ves en ti mismo.

Ese es un verdadero desafío que tendrás en la búsqueda de tu ser. El saber encontrar y reconocer tu propio valor sin aceptar lo que otros dicen de ti. Incluso si el ambiente en el que te desarrollas provoca esos sentimientos de duda en ti mismo.

No será tarea fácil. Se requiere tomar consciencia de tu realidad y valorar aquello que te da originalidad. Y si hay algo que no te agrada conscientemente, modifícalo, cámbialo o acéptalo. Pero que sea una decisión propia, no impuesta para agradarle a alguien más.

Tu verdadero valor tiene que surgir desde tu interior y cultivado constantemente por ti mismo. Tú eres el que está viviendo en tu cuerpo, que sabe qué sentimientos y pensamientos se originan en él. Es esencial dejar ir o desprenderte de aquello que no te deja avanzar mientras mantienes INTACTO lo que realmente necesitas... a ti mismo.

EL DESAFÍO

Conforme el ser humano va creciendo, el valor propio también se comienza a debilitar, debido a las inseguridades y vulnerabilidades. Se tiene tanto miedo de demostrar alguna debilidad ante otros, que se comienza a construir una fuerte muralla ante el juicio ajeno.

Sin darte cuenta, estás otorgando el poder a otros de definir el valor de tu vida. Por ejemplo, en estos tiempos hay una constante lucha por medir el valor humano en la belleza física, títulos, color de piel, número de seguidores en las redes sociales, cuenta bancaria, etc.

Un papel importante lo juega el bombardeo constante de propaganda manipulada sobre el valor propio en el ser humano. A través de incontables mensajes subliminales, se crea el espejismo de que debes tener ciertos estándares para ser aprobado o sentirte suficiente. Esto va creando barreras mentales de aceptación hacia uno mismo.

Ahora, el dudar de tu valor propio no es algo causado solamente por la propaganda publicitaria. Es algo que se ha ido desarrollando y cultivando con los años. Por ejemplo, cuando eras niño no tenías ninguna duda de que tenías valor. Te expresabas con libertad y esperabas automáticamente que otros te protegieran y llenaran tus necesidades. No cuestionabas por ningún instante el amor o respeto por ti mismo.

¿En qué momento todo cambió?

El valor de uno mismo se va perdiendo a partir de las experiencias diarias, comentarios hirientes, percepciones o comparaciones desarrolladas continuamente. Ese amor y respeto por uno mismo va disminuyendo, tomando su lugar la vergüenza, duda y juicios internos.

¿Cuántas veces, por ejemplo, has dudado en tomar decisiones en tu vida porque no te crees merecedor de los resultados? O quizás te sientes culpable de disfrutar algo cuando alguien más no tiene la misma oportunidad que tú.

Incluso, ¿cuántas veces has cuestionado tu propia vida cuando deseas obtener algo más?

Poco a poco se va cultivando ese miedo a vivir, soñar, aspirar y lograr. Como lo menciono en mi libro "El éxito lo diseñas tú", se tiene esa lucha constante entre lo que la mente quiere y lo que el espíritu nos reclama. Hay una resistencia a seguir viviendo.

En el momento en que el ser humano decida por sí mismo aceptarse tal como es y no con base en los parámetros publicitarios o los miedos mismos, encontrará su propio valor. Estará cultivando la relación más importante de su vida, la relación con sí mismo.

TU CUERPO ES UNA MARAVILLA… ¡VALÓRALO!

La capacidad de tu cuerpo para generar y mantener tu vida perfectamente en armonía día con día, es asombrosa. En el momento en que seamos capaces de entender y apreciar el gran organismo que es nuestro cuerpo humano, vamos a valorar nuestra propia vida.

Tu corazón, por ejemplo, tiene la capacidad de bombear 10,000 litros de sangre al día y palpitar entre 60 y

100 veces por minuto sin descanso alguno. Estas funciones de tu corazón las realiza de manera permanente y las dejará de hacer hasta el último día de tu vida.

Tu cerebro, por su parte, cuenta con un promedio de 86,000 millones de neuronas. Todas y cada una de ellas interactúan entre sí constantemente para mantener las funciones mentales y fisiológicas de tu cuerpo.

En el caso de tus ojos, pueden producir hasta 1,000,000 de fotografías al día y distinguir hasta 10,000,000 de colores. Tus riñones, por ejemplo, tienen la capacidad de filtrar un promedio de 180 litros de sangre diariamente.

También tu cuerpo cuenta con la capacidad de eliminar virus y bacterias para mantener una salud óptima. Y cuenta con billones de células que se regeneran automáticamente para permitir el funcionamiento de tu cuerpo de manera adecuada.

Estas son sólo algunas de las muchas habilidades que tiene el cuerpo humano y que te fueron concedidas automáticamente desde el día en que naciste. Sin embargo, no le damos el valor que en verdad se merece. ¿Qué pasaría el día en que te faltara alguno de estos órganos? ¿Los extrañarías? ¿Te darías cuenta de que tienen un gran valor?

Si es así, atesora tu cuerpo hoy. No te quites el valor que en verdad tienes. No pongas tu valor con base en lo que tu propia mente te dice. Recuerda que estamos llenos de prejuicios, miedos internos, memorias reprimidas, ideas reconstruidas y algunas veces no se comprende más allá de lo que se ha vivido. Eres más de lo que ves a simple vista o lo que crees que eres.

HAZ PAZ CONTIGO MISMO

Cada ser humano, no importa su estatus social, inteligencia, o éxito, está lidiando con alguna inseguridad o ha dudado de su propio valor alguna vez. Sin embargo, está esa constante necesidad de ocultarlo. ¿La razón?

Todos queremos ser aceptados. Se busca el ser parte de algo o tomado en cuenta. Es interesante cómo buscamos que otros nos hagan sentir valiosos con su aceptación, cuando la aceptación más importante es la que tú mismo te das. Esa aceptación total de tus habilidades y debilidades es la que te permitirá sentirte bien contigo mismo o saber que tienes valor, aun cuando otra gente no lo aprecie.

Además, recuerda que no importa qué tanto escondas tus vulnerabilidades, no podrás conseguir el agrado total de la gente todo el tiempo. Cada ser humano está distraído con su propia lucha interna de demostrar lo mejor de sí, para encontrar la aprobación de otros. ¿Cuántos años más de tu vida te gustaría buscar la aprobación ajena?

Cada año de tu vida tratando de complacer a otros, es un año que no vives. Vas perdiendo la libertad de ser tú mismo. Vas callando tu voz interna para decir SÍ a otros y decirte NO a ti. Vas debilitando tu fuerza interior y amor propio para recibir esa palmadita en la espalda.

En el momento en que hagas paz contigo mismo y te valores, no habrá necesidad de buscar la aprobación ajena o probar nada.

La duda interna de querer ser como alguien más desaparece porque entiendes que tienes algo que jamás alguien tendrá... ¡Tu cuerpo, mente y vida!

AHORA, ¿QUE HARÁS CON ESA VIDA?

Está en tus manos darle valor a la vida que te fue concedida. Tal vez creas que tu vida no tiene un propósito o que estás muy joven o viejo para hacer algo al respecto. Cuando tienes esas conclusiones, sólo recuerda que son tus miedos hablando. Por años, consciente o inconscientemente aprendiste a protegerte, minimizando aquello que te hace sobresalir.

Hoy es el momento de darle valor a tu propia vida y no permitir que nada tambalee tu mundo. Es cierto, habrá momentos que te harán cuestionarte quién realmente eres o retos que llegarán por sorpresa. Pero es ahí, que tu propio valor será imprescindible para seguir adelante.

Si en verdad estás dispuesto a encontrarle valor a tu vida, rétate a ti mismo. Rétate a pensar y actuar de forma diferente a como lo has hecho hasta el día de hoy. Rétate a desarrollar una autoimagen positiva de ti. Rétate a compartir tus capacidades y talentos libre de ataduras sociales, mentales y emocionales.

Rétate constantemente, no sólo cuando tengas ganas o sea fácil hacerlo. Es cuando menos quieres hacer las cosas, que más se necesita sacar esa fuerza de voluntad y fortaleza mental para seguir adelante.

Entre más consciente estés de toda tu grandeza, sin sentirte amenazado por el mundo, más lejos podrás llegar y disfrutar cada momento que la habilidad de tu cuerpo y mente te permiten. Todo comienza con tu deseo de vivir y valorar tu propia vida.

Pero, sobre todo, recuerda que *el valor de uno mismo no se mide por las veces que alguien más te aprecia, sino por las veces que, aun cuando nadie lo hace, tú valoras y compartes la grandeza de tu ser.*

PUNTOS DE REFLEXIÓN

- **Tu cuerpo** es un organismo perfecto. Acéptalo y protégelo.

- **Cuando te valoras** no hay necesidad de buscar la aprobación ajena.

- **Rétate a** descubrir la grandeza de tu ser y compártela sin temor.

- **Tu verdadero** valor surge desde tu interior y cultivando tu ser.

- **Cultiva diariamente** la relación más importante de tu vida, la relación contigo mismo.

*Las excusas son la justificación
perfecta para mantenerte estancado*

CAPÍTULO SIETE

LAS EXCUSAS SON MENTALES

Eres Más Grande Que tus Excusas

¿Cuál es tu excusa favorita? "No tengo tiempo", "no tengo dinero", "soy demasiado mayor", "soy muy joven", "no tengo educación", "nadie me apoya", "no es fácil", "mañana lo hago", "no es el momento adecuado".

Todos en algún momento de nuestra vida utilizamos alguna excusa para evitar hacer algo o por nuestro propio beneficio. El peligro está en hacer de las excusas el escape perfecto para no enfrentar la realidad o los desafíos de la vida, engañándose uno mismo.

¿Qué hay realmente detrás de una excusa?

Si bien es cierto que las excusas ayudan a protegerse a uno mismo de algún juicio, situación o acción, el constante uso de ellas va creando una máscara que impedirá conocer y encarar las propias debilidades o expresar conflictos internos.

Las excusas no son más que mecanismos de defensa utilizados como analgésicos emocionales para evadir o reconocer los propios errores. Hay una gran necesidad de autoprotección, que no da tiempo de ver lo que verdaderamente se esconde tras una excusa, que es el MIEDO.

Ese miedo de encarar la realidad y aceptar que si no estamos donde deseamos estar, la responsabilidad ha sido nuestra. Ese miedo de aceptar una verdad oculta o disimular nuestros verdaderos sentimientos es lo que hace tan común el uso de las excusas como la única alternativa.

Nuestras excusas son imanes tan fuertes y tan creíbles que nos arrastran y detienen de lograr nuestras metas. Se convierten en cadenas mentales que nos hacen dudar de nosotros mismos, de nuestra capacidad de superar obstáculos e incluso de renunciar a lo que algún día deseábamos tener. Aun así, atrévete a vivir.

Algunas personas, incluso, utilizan los eventos de su pasado como excusa para no enfrentar los desafíos de su presente. Por ejemplo, en las consultorías y entrenamientos, he escuchado cosas como: "Es que tú no sabes cómo fue mi niñez", "yo no tuve educación", "es que mis padres me maltrataron", "mucha gente me traicionó", "yo era muy pobre", "yo sufrí mucho con mi pareja", "yo no tuve oportunidades" y la más dañina de todas: "Es que yo soy así". ¡Ten cuidado!

Quizá llegues a pensar que un evento en tu vida es la excusa perfecta para no seguir adelante y no buscar un mejoramiento continuo. Al final, ¿quién no va a compadecer a alguien que ha tenido una historia desafiante o llena de dolor?

La pregunta es ¿Quieres vivir tu vida contando la misma historia una y otra vez?

Algunas personas lo hacen, repiten la misma historia, el mismo evento y reviven la misma emoción. Eso les da valía como seres humanos. Quizá eso los hace sentir vivos y con un propósito. Es como si su batalla pasada fuera la única identidad que tienen en este momento y se resisten a sanar y seguir adelante.

Cuando basas tu valía e identidad personal en la supervivencia de algún evento, sólo detendrás tu desarrollo. Una nueva vida no tendrá la más mínima oportunidad de resurgir, cuando tu completa atención está en la excusa de lo que viviste o sobreviviste.

Es cierto, no se puede cambiar lo vivido, pero sí se puede decidir si sigues siendo un participante o no.

Y TÚ, ¿TE AUTOENGAÑAS?

El creer que las excusas son las mejores aliadas en los momentos oportunos, es parte de nuestro propio autoengaño. Las excusas son un escape a nuestra realidad. Son la forma perfecta para abandonar o no empezar aquello que tal vez nos causa incomodidad.

En realidad, la mente es tan poderosa que buscará la forma de hacer lógica y necesaria la excusa para protegerte de cualquier dolor. Esa es una de las funciones de la mente humana. Por otro lado, no importa qué tanto justifiques el no estar viviendo como deseas, en algún momento, el conflicto interno tomará el control de tu vida.

A esa incongruencia se le conoce en la psicología, como "Disonancia Cognitiva". Es esa tensión que sientes cuando tienes dos ideas contradictorias. Por ejemplo, quieres tener una vida extraordinaria, pero no tomas acción porque requiere esfuerzo y disciplina; esto creará una incomodidad entro lo que piensas y lo que haces.

Por supuesto, buscarás la forma de eliminar esta incomodidad o reducir la disonancia. Como consecuencia, encontrarás excusas que justifiquen tu comportamiento y así evitar la culpa, frustración o enojo, cayendo en un autoengaño.

El autoengaño silencioso de querer aparentar aquello que no existe y querer vivir desde la ilusión, se convertirá en un espejismo que te mantendrá hundido en el dolor y sufrimiento.

Así que, tendrás que ser consciente de tus disonancias cognitivas y no permitir que las excusas sean más importantes que tu vida misma.

UN ATAJO SIN SALIDA

Las excusas tal vez sean cómplices de tus creencias, pero no te ayudan a madurar y seguir avanzando, aun cuando sea tu objetivo.

- *Las excusas no te protegen, te detienen.* En algunos casos, se cree que las excusas sirven como protección a las creencias o heridas emocionales. No obstante, cada creencia o memoria dolorosa que no se trabaja en ella, resurgirá una y otra vez, consciente o inconscientemente y te detendrá. Al final, a veces se tiene la creencia de que es más practico poner una excusa que lidiar con un dolor interno.

- *La flexibilidad de pensamiento.* Cuando eres flexible en cada una de las experiencias que vives, descubrirás una percepción única de tu vida. No te quedarás estancado, tratando de hacer sentido a lo que vives, sino que entenderás que **tus experiencias son parte de la vida, no un castigo de ella.**

- *El arrepentimiento es mortal.* Uno de los sentimientos más fuertes que experimenta el ser humano es el arrepentimiento. El saber que tuviste la oportunidad de lograr algo y no hacerlo, poco a poco acaba con tu ilusión de vivir. No dejes que tu vida expire sin una gran sonrisa iluminando tu rostro. No porque hayas cumplidos cada una de tus metas, sino porque no permitiste que las excusas te detuvieran de lograr la mayoría de ellas.

¿A QUIÉN LE IMPORTA SI VIVO ASÍ?

Tal vez pienses que no hay consecuencia alguna al no vivir a la altura de tu potencial y habilidades. A pesar de ello, el hecho de que sólo pases por este mundo sin demostrar tu grandeza, limitas a todos a tu alrededor. Cuando solamente sobrevives en lugar de prosperar y mejorar, les quitas la esperanza y el valor a aquellos que te conocen.

¿Por qué?

Al crear excusas por el miedo a vivir, detienes el paso de aquellos que cruzan su camino contigo. El mismo miedo a no equivocarte, sufrir, decepcionarte o no conseguir lo que esperas, ha creado en ti un escudo de protección y consciente o inconscientemente, comienzas a trasmitir tus miedos a los demás con tu propio ejemplo.

Cuando alguien no se atreve a vivir, influye y detiene a los que están a su lado. Al dejar de soñar no sólo tú, sino lograr que otros también lo hagan, contribuyes al adormecimiento del mundo y su evolución. Es desafiante convivir con personas que no te ayudan a avanzar debido a sus propios miedos o excusas. ¡No seas una de ellas!

Quizá tú eras una persona que deseaba lograr sus metas y comenzar a vivir plenamente, pero en el camino alguien apagó tus sueños. Tal vez no encontraste personas que te impulsaran a luchar por ellos y decidiste renunciar. ¡No te permitas hacerle lo mismo a alguien más!

Es increíble la capacidad de influencia que tiene el ser humano a través de la asociación. Los seres humanos nos conectamos por la empatía y la influencia social es mucho más fuerte de lo que llegamos a pensar o percibir. Llegamos a ser un producto de nuestro propio entorno.

El tiempo que se comparte con otros tiene un efecto, no sólo en el comportamiento, sino en los pensamientos y sentimientos. Por ejemplo, si las personas con las que te asocias son alegres, el efecto es sentir alegría. Si alguien se enoja, tendemos a imitar la misma emoción, ya sea por aprobación, empatía o compromiso. A esto se le conoce como el "efecto dominó".

Al entender que no sólo las emociones son contagiosas, sino los comportamientos, acciones y creencias, estarás más alerta, no sólo al escoger tus compañías, sino al ser tú mismo una mejor compañía. Por ejemplo, si te asocias con personas que se sienten víctimas, terminarás sintiéndote una víctima. Si te asocias con personas con objetivos claros, terminarás teniendo también objetivos claros. Las personas con las que te asocias te impulsarán a seguir avanzando o detendrán tu camino.

Por otro lado, la persona que logra sus metas y cumple sus sueños, impulsa a otros hacer lo mismo. Sabe lo que se siente lograr metas y disfrutarlas e invita a otros a que se atrevan a lograrlas también.

¿Qué pasaría si un día despiertas y te das cuenta de que tienes la capacidad, el potencial y la oportunidad de conseguir tus objetivos?

No vivas tu vida deseando que ese día llegue, el tiempo pasará y no habrá peor tristeza que el remordimiento de saber que pudiste lograr algo más y simplemente no te atreviste a hacerlo.

El único requisito es desafiarte a ti mismo. Cuando tienes emoción por vivir y descubrir todas y cada una de las posibilidades que existen, no permitirás que las excusas propias o ajenas formen parte de tu vida y te detengan.

Sé curioso de ti y de la vida que te rodea. No vayas por el mundo aceptando ideologías ajenas sin cuestionamiento. Pregúntate una y otra vez qué deseas, piensas y sientes. Tal vez no obtengas una respuesta rápida o inmediata, pero el constante cuestionamiento te dará la luz para seguir aprendiendo cosas de ti que están escondidas.

Es momento de comenzar a sanar heridas emocionales, mentales o psicológicas para poder avanzar. No pongas una excusa en cada obstáculo, enfréntalos y supéralos. Los desafíos son sólo un recordatorio de tu fuerza interna para seguir adelante.

¿Qué lograrías si las excusas no formaran parte de tu vida? ¿De qué forma comenzarías a vivir?

No veas el mundo pasar sólo a través de tus ojos. Comienza a vivirlo. Renuncia a las excusas. Celebra que a pesar de una o varias caídas, estás aquí. Has llegado hasta este momento. Millones de personas no han tenido esa misma oportunidad.

Identifica aquello que te inspira, te motiva o realmente quieres hacer y hazlo. Éste es tu tiempo y ésta es tu oportunidad. No importa quién eres o quién fuiste. Jamás permitas que una excusa te limite a ser menos de lo que realmente eres.

PUNTOS DE REFLEXIÓN

- **Tus experiencias** son parte de la vida, no un castigo de ella.

- **Las excusas** son mecanismos de defensa para evadir o reconocer los propios errores.

- **No hay peor sentimiento** que el arrepentimiento de saber que pudiste lograr algo y no lo hiciste.

- **Al dejar** de soñar, contribuyes al adormecimiento del mundo y su evolución.

- **Los desafíos** son sólo un recordatorio de tu fuerza interna para seguir adelante. ¡Deja las excusas!

La valentía es un acto mental

CAPÍTULO OCHO

BAILA CON TUS MIEDOS

El Miedo No Es Lo Que Parece

Se nos ha hecho creer por mucho tiempo que podemos dominar el miedo o que con el simple hecho de ignorarlo o negarlo, va a desaparecer. Como si el tener miedo o aceptarlo nos hiciera menos seres humanos o nos quitara valor. Al miedo no se le domina, se aprende a VIVIR con él.

El miedo estará presente cada día de nuestras vidas, sea creado consciente o inconscientemente por nosotros y hará notar su presencia en cada momento que le sea posible.

El reto está en distinguir qué tipo de miedo es el que sientes. ¿Es un miedo real o un miedo mental?

El miedo real es un mecanismo natural de tu ser que te indica que estás en peligro. Ante este miedo hay que ser cuidadoso y precavido, ya que puede salvarte la vida. ¡Escúchalo!

Por otro lado, el miedo mental es aquel que uno mismo crea. Es esa sensación de temor donde uno mismo se imagina todos los posibles resultados que podrían ocurrir. La mayoría de ellos de forma exagerada. El miedo mental genera ansiedad y te frena a tomar acción y vivir el presente. Este miedo es el más peligroso. ¡Cuidado!

Es importante entender que el miedo es una emoción que todos los seres humanos compartimos, no importa en qué nivel profesional o económico te encuentres, qué tan preparado te sientas o qué tantas metas hayas alcanzado en tu vida.

El miedo estará presente cada vez que desees emprender algo nuevo y salgas de tu zona de comodidad.

Así que, cuando surja un miedo mental, no lo controles, reprimas o justifiques para no asumirlo. Al minimizar tus miedos, lo único que ocasionas es incrementarlos.

Con el miedo, al igual que con otra emoción, puedes decidir si lo utilizas a tu favor o te utiliza a ti. Simplemente, reconoce y acepta cuando tengas miedo, siéntelo, mantente consciente de él y busca la mejor estrategia para seguir adelante.

No detengas tu vida, creyendo que en algún momento tus miedos desaparecerán y entonces podrás cumplir tus objetivos. Eso no sucederá. Existen innumerables historias de personas arrepentidas de no tomar acción por causa de sus miedos. No seas una de ellas. Que el miedo a lo desconocido no sea más fuerte que tu deseo de lograr tus metas.

Tus miedos estarán presentes en todo momento de tu vida, hasta que aprendas a lidiar con ellos. Todos y cada uno de tus miedos a fracasar, cambiar, rechazo o perder, se esfumarán en el momento que te enfrentes a ellos y tomes acción. Es cuando realmente comenzaras a vivir.

¿DÓNDE LO APRENDISTE?

El miedo, al igual que otras emociones, ha formado parte de la vida del ser humano. Los únicos dos miedos innatos con los que ha nacido el ser humano son el miedo al ruido y a la gravedad. ¿Han visto como un bebé ante un ruido brinca o cuando lo elevas le causa ansiedad?

¿Entonces de dónde surgió tu miedo? ¿Acaso lo aprendiste? ¿Alguien te lo impuso? ¿Cómo lo alimentas?

Todo tiene un proceso y tu relación con el miedo en las diferentes etapas de tu vida también lo tiene. Por ejemplo: Conforme vas creciendo, los miedos son adquiridos, aprendidos, creados y desarrollados por ti. Al ser niños, por ejemplo, el miedo más grande era el de ser *OLVIDADOS o ABANDONADOS* por los padres, de ahí que se busca su presencia y protección.

Al ir creciendo apareció el miedo al *RECHAZO*, por lo que se busca la aprobación ajena y el sentirse aceptado; posteriormente, el miedo al *CAMBIO* forma gran parte de la vida adulta. Si durante algunas de estas etapas viviste una experiencia que confirmara alguno de estos miedos, como resultado, el miedo se fortaleció.

El reto está en enfrentar esos miedos conforme vayas avanzando en tu vida. Desde luego que no es algo fácil, pero en el momento que te des cuenta de que el miedo será parte de tu vida, estarás mas dispuesto lidiar con él y seguir adelante.

Tomar esa acción o decisión a pesar de tus miedos es lo que transformara tu vida. Porque es cuando enfrentas tus propios miedos que encuentras tu propia liberación.

¿CUÁNTAS OPORTUNIDADES HAS DEJADO IR POR MIEDO?

¿Cuántas personas dejaron de decirle SÍ a la vida a causa de sus miedos? Permitieron que su miedo a lo desconocido fuera más fuerte que su agonía interna de no tomar ACCIÓN y enfrentar los DESAFÍOS y hoy viven arrepentidas y llenas de culpa.

Y eso es lo que hace precisamente el miedo. El miedo paraliza, detiene y adormece tus sueños. Cada momento que cedes tu poder al miedo y vives de acuerdo con él, otorgas lentamente el control. Con cada duda que tengas, lo haces más fuerte. Con cada sueño no cumplido, multiplicas su influencia. Con cada acción no tomada, elevas los límites mentales que te atan.

Es cierto que habrá momentos en tu vida en los que el miedo tomará la delantera y con sus lógicas absurdas, te hará sentir que no puedes o no te mereces lo que buscas. Cada ser humano ha sentido eso, pero sólo aquellos que deciden alimentar y ser dominados por sus miedos, detienen su vida. No pretendas negociar con tus miedos, gastarás tiempo y energía. Reconócelos y aprende a lidiar con ellos.

Cuando tu deseo por vivir tu vida, con o sin miedos, sea más fuerte que el miedo mismo, el tomar acción será la forma de demostrarlo. No le cedas al miedo tu poder y tus sueños. ¡Son tuyos, protégelos!

EL MIEDO QUE ME MANEJÓ

Uno de mis grandes miedos fue el de sentirme débil. Crecí con cuatro varones y frases como: "Si lloras no vuelves a jugar con nosotros" "si nos acusas con mi mamá no vuelves a venir" "pelea como hombre" eran parte de mi niñez. Por muchos años me creí el cuento de que, al no dejar ver mis emociones o algún signo de debilidad, más fuerte sería.

Por supuesto, los años no perdonan y comencé a vivir una vida rígida, creyendo que sólo los valientes sobreviven. Me daba miedo pensar que, si la gente me veía llorar o débil, me lastimarían. Así que por ningún motivo me mostraba débil, por más que se me hubiera dañado. El simple pensamiento de saber que alguien notara mi debilidad me llenaba de pavor. Esto causó que perdiera en el camino a amistades, familiares y oportunidades en la vida.

No importaba qué situación experimentara, defendía mi personaje de una mujer fuerte y valiente. Decía que estaba bien cuando en realidad no lo estaba. Evitaba hablar de algunos temas para no sentir ganas de llorar. Me llenaba de compromisos y metas para no pensar o enfrentar lo que sentía. Fingía protegerme, cuando internamente yo misma me estaba dañando.

Cuando sucedía algún evento en mi vida, la gente me decía: "Tú eres fuerte, vas a saber superarlo" "tú puedes con esto y más" "a ti nada te derrumba". Y sí, aprendí a superar cualquier desafío que enfrentara. En cierta forma era una profecía autocumplida. Me convertí en lo que otros y yo esperábamos de mí misma, una mujer con una coraza fuerte y un corazón miedoso.

Estoy segura de que al igual que yo, aprendiste un modo de supervivencia en tu niñez por el miedo a lo que pudiera suceder. Tal vez, desarrollaste ciertas habilidades para protegerte, que el día de hoy ya no son necesarias.

Si es así, no alimentes miedos que no te favorecen. En este momento, en el presente, tú puedes comenzar a vivir tu vida y reconstruir tu historia. Y todo comienza al renunciar a todo miedo que te estanca.

LAS MÁSCARAS QUE TE PROTEGEN

Desafortunadamente, a través de los años hemos aprendido a enmascarar nuestros miedos… esas máscaras que tienen como nombre: "No tengo tiempo" "no es el momento adecuado" "eso no es para mí" "después lo hago" "así lo quiso el destino" "yo así estoy bien" "deja me preparo más", etc., cuando en realidad es nuestro miedo hablando.

¿Cuál es el miedo más grande que te ha detenido en tu vida o a alcanzar tus metas? ¿Cómo este miedo te ha afectado? ¿Qué cosas has dejado ir? ¿Un nuevo trabajo, una relación amorosa, nuevas amistades, nuevos proyectos?

Los miedos son simplemente un desafío más que se tiene que enfrentar y superar para alcanzar la madurez y la propia evolución. Tus miedos, cualquiera que éstos sean, si no trabajas en ellos, estarán presentes en cada momento de tu vida y dejarán una huella sin darte cuenta.

Tú, quizá debido a lo que experimentaste en tu camino, fuiste creando y cultivando esos miedos, historias y formas de pensar. Tal vez tu temor al rechazo, burla u oposición desarrolló una fuerte resistencia en ti y ahora prefieres seguir viviendo una vida segura, aun cuando internamente no es la que deseas.

El amoldarte a las circunstancias por miedo a la incertidumbre o al qué dirán los demás, te permite por un tiempo superar alguna etapa de tu vida. Pero el seguir con una máscara que es creada por miedo, poco a poco te va a ir alejando de quien en verdad eres.

¿Te has preguntado si mantienes tu forma de ser por el miedo? Quizá ya no necesitas protegerte de nadie. Si es así, ahora tienes la oportunidad de recrear una nueva forma de ver la vida, de reconstruir tu historia y todo aquello que algún día deseaste vivir y ser.

El no aprender a lidiar con los miedos, te limita a experimentar, vivir y soñar. A causa de tus miedos, la curiosidad que activa tu mente, que despierta tus sentidos, que te inspira a aprender, lograr y vivir, lentamente se va apagando.

Es momento de aceptar tu valor, como persona y ser vivo inigualable, sin miedos o justificaciones. Toma la decisión de utilizar todo aquello que viviste y aprendiste para mejorar tu presente y crear tu futuro.

Comienza a verte realmente tal como eres. Conócete a ti mismo, cuestiónate continuamente, calla todo lo que escuchas afuera y comienza a escuchar lo que realmente tú deseas. Es ahí donde encontrarás el valor para tomar acción y vencer cualquier miedo.

Al ser consciente de tus miedos y aceptarlos, en lugar de huir de ellos, da inicio una tregua interna entre lo que quieres, piensas, sientes y haces.

Es cierto, no puedes cambiar las situaciones que has vivido o eventos. Pero sí puedes decidir qué significado tendrá para ti aquello que vives, y, sobre todo, cuánto tiempo tus miedos se quedarán ocupando un lugar en tu vida.

Ahora, no creas que, por leer este capítulo, dejarás de tener miedo. Claro que no. Tienes y seguirás teniendo miedos; sin embargo, éstos disminuyen o comienzan a desvanecerse cuando tomas acción. Así que, aprende a adaptarte al cambio y deja que tus miedos sigan bailando a su ritmo en tu cabeza, sin unirte a ellos.

Al final tú decides si a pesar DE tus miedos y CON ellos, sigues avanzando. Porque detrás de ellos están las experiencias y memorias más increíbles de tu vida y sólo las podrás disfrutar y experimentar en el momento en que decidas decirle SÍ a la vida y aprendas a bailar con tus miedos.

PUNTOS DE REFLEXIÓN

- **Al miedo** no se le domina, se aprende a VIVIR con él.

- **El miedo** mental te lleva a vivir un futuro inexistente. ¡Identifícalo!

- **No alimentes** miedos que no te favorecen.

- **Cuando tu deseo** por vivir tu vida sea más fuerte que tus mismos miedos, el tomar acción será la forma de demostrarlo.

- **La máscara** creada por el miedo, poco a poco te va a ir alejando de quién eres en verdad.

*La fuerza de voluntad se obtiene
entrenando a la mente*

CAPÍTULO NUEVE

QUE LA QUEJA NO TE DOMINE

La Queja Debilita tu Fuerza de Voluntad

Cada vez que se emite una queja, no importa su índole o duración, nubla tu pensamiento y tu espíritu. No te quejes y si lo vas a hacer, hazlo con propósito. Es decir, muestra tu descontento y las razones, pero una vez que termines, busca y actúa en las posibles soluciones.

La queja es un grito interno de que las cosas no se están haciendo a tu parecer o gusto. ¿Por qué complicarte la vida? Si algo no salió como deseabas, encuentra la razón. Si está en tu poder modificarlo, hazlo. Tardarás menos tiempo en hacer algo nuevamente que el tiempo que pasarás quejándote.

Las quejas aun en su propio entorno tienen un propósito. Por ejemplo, la queja para encontrar aliados, la queja para desahogarte, la queja para encontrar una solución y la queja para ser el centro de atención.

No importa el motivo. El desenlace es el mismo y te lleva al mismo lugar: desilusión. El único momento en que la queja te traerá un beneficio es cuando la utilizas para crear consciencia y una consciencia colectiva. Aquella que traerá un resultado al bien común.

A veces, sin darnos cuenta, la queja puede vivir permanentemente con nosotros. Aquellos que estén a nuestro lado nos aceptaran porque nos quieren, pero a la larga eso cansa. El escuchar constantemente a alguien quejarse y no verlo buscar una solución, nos hace alejarnos lenta y silenciosamente.

Es sabio saber cuándo, dónde y con quién puedes ejercer una queja. Recuerda que no todos entienden, escuchan o buscaran una solución contigo.

Cuando no sepas qué hacer y comiences a quejarte, guarda silencio, respira y comienza a escucharte. Sé sabio al escoger tus batallas y al encontrar esos momentos de desahogo.

Cuando una queja es producida, tu cerebro buscará todas las razones lógicas para justificar tus pensamientos. Aun cuando esos pensamientos no sean lo suficientemente fuertes, te harán creer que tú tienes la razón. Quizás la tengas ¿Pero a cambio de qué? ¿Realmente vale la pena el martirio psicológico que te causa frustración y tristeza?

No tiene que ser así. Al menos no si tú lo decides.

¿CON QUIÉN ME QUEJO?

Tal vez al quejarte crees que te desahogas y sientes, en cierta forma, alivio. La mayoría de las personas que se quejan continuamente y muchas veces de las mismas cosas, no lo hacen porque busquen una solución, es sólo una forma de encontrar validación a algo que ellas creen como injusto. Hay una búsqueda de aprobación y compañerismo.

Por otro lado, el quejarte de todo aquello que no llena tus expectativas o invade tu mundo, que sin consciencia alguna repites una y otra vez, puede llegar a convertirse en un hábito y dañar tu salud. ¿El precio?

La queja continua, por cualesquiera que sean sus razones, puede causar problemas de salud en lugar de hacerte sentir más tranquilo. Por ejemplo, por la forma en que reaccionas cuando recuerdas o te quejas sobre algo que te molestó, tu cuerpo experimenta momentos de tensión o ansiedad. Esta reacción ocasiona que tu torrente sanguíneo bombee Cortisol, la hormona del estrés. Esta hormona, al liberarse en tu cuerpo, multiplica tu alteración o enojo hasta 10 veces más.

Es cierto que cuando algo sucede y demuestras tus emociones, puede crearse un cambio o una solución al problema. Es cuando, al quejarte sin encontrar una solución que te haga sentir satisfecho, te perjudica más que ayudarte.

Por ejemplo, cuando te sorprendas quejándote por algo, identifica el motivo primero, eso podría darte algunas respuestas, antes de reaccionar. Tal es el caso cuando te quejas por el tráfico. Esta queja te podría estar indicando que no te gusta llegar tarde; ¿La solución? Organízate mejor y con más tiempo.

Quizás te quejas porque en tu trabajo no se te valora; ¿La solución? Buscar un nuevo trabajo o adquirir nuevas habilidades que te ayudarán a obtener una nueva posición en tu trabajo actual. En el momento en buscas soluciones, la queja desaparece.

No es fácil, en realidad es un desafío. Lo importante es distinguir cuando te quejas porque buscas una solución o un cambio o simplemente porque es un hábito.

CUIDADO CON EL "YO SOY ASÍ"

El lado oscuro de la queja vive en nosotros, algunas veces no nos damos cuenta de su existencia y creemos que ya somos así. ¿Cuántas amistades, relaciones, trabajos, conexiones, etc., has perdido por tus quejas? ¿Cuánto has dejado pasar o no has experimentado por la creencia de: "Yo soy así"?

Es cierto, es importante aceptarse como somos, pero no debe de usarse como excusa o justificación para no seguir mejorando día con día... para no renovar el personaje que alguna vez creaste… para no cambiar la historia que te has contado por años.

Algunas veces es más cómodo el escudarse ante el "Yo soy así" que enfrentarse a un cambio en uno mismo. No es fácil el estar abiertos a mejorar, aprender, evolucionar y cambiar de dirección. ¿La razón?

Al cambiar una creencia, se tienen que remover ideologías, historias, memorias, emociones, etc., que de alguna forma han estado con nosotros toda una vida. En cierto modo estamos dejando morir una parte de nosotros que nos identifica, para darle vida a otra forma de existencia. Se está dejando atrás todo aquello que en algún momento nos dio un lugar en nuestro mundo y una identidad ante los demás.

Pero el aceptar y mantener la creencia de "Yo soy así" te limita, dejas de crecer, buscar, soñar, cuestionar y aprender. Te quedas con lo conocido por comodidad o miedo, alejándote de todo lo que podrías llegar a ser o conocer.

Tal vez no logres cambiar todas tus creencias, de un día para otro, que por años has mantenido con la idea de "Yo soy así". Sin embargo, el simple hecho de *ACEPTAR* que "No eres así", sino que tú *DECIDES* "Ser así" te dará una nueva perspectiva para reinventarte. Fácil no es, pero imposible tampoco.

EL TÚNEL DE LA QUEJA

En el momento en que llega la queja y comienzas a contemplarla, ésta nubla tus pensamientos y te sumerge en su mundo. Ya no razonas sobre lo que está pasando a tu alrededor. Lo único en lo que te enfocas es en ti mismo y la injusticia que crees que se cometió, desafiando tu capacidad mental y paciencia.

Cuando alguna situación para la que no estás preparado para afrontar surge, te aferras a encontrar razones lógicas o explicaciones que te hagan entender la situación. Y si no las encuentras, la queja será tu forma de expresión.

Por otro lado, en esos momentos de frustración tienes ante ti la oportunidad de crear una nueva forma de actuar con una nueva perspectiva. Es una invitación para descubrir la grandeza de tu ser. ¿Fácil?

No. Es desafiante aceptar cuando algo no sale como tú lo esperas o quieres. El coraje, resentimiento, ansiedad y frustración aumentan. Por otro lado, la queja no cambiará algo que ya ha sucedido. No habrá cambios en el pasado. Tal vez pueda haber un cambio en el futuro. Pero para poder crear ese cambio, necesitas enfocarte en la solución en lugar del problema.

Es esencial navegar en lo desconocido, confiando en que se nos ofrece un crecimiento único. Cuando se te presente una situación de la cual deseas quejarte, obsérvala primero, y elige cómo deseas afrontarla.

Quizá decidas que sólo quieres quejarte de lo sucedido sin llegar a una solución, muy bien. Pero no busques cómplices para hacerte sentir que tú tienes la razón o eres una víctima de las circunstancias.

También tienes la opción de seguir adelante a pesar de los giros y curvas de la vida sin quejas, con la convicción de que cada momento vivido por ti, es tu elección personal.

Es en esos momentos de confusión y duda que tú tienes la elección, ¿te quejas? o buscas la solución. Lo que puedo decirte es que muchas personas eligen la queja y no sólo pierden su energía y tiempo, sino su vida misma. Terminan encerrados en un laberinto sin salida y al final, sólo quedan más exhaustos y sintiéndose sin esperanza alguna.

Es cierto, algunas experiencias no son agradables y quizá en algún momento no son las que tú quieres. Pero recuerda que, en el momento en que haces una tregua con las quejas, comienzas a tomar decisiones diferentes y llegas a ser todo aquello que te atreves a SER y VIVIR, encontrando en cada una de ellas, tu fortaleza o tu propia destrucción

¡La decisión es tuya!

PUNTOS DE REFLEXIÓN

- **La queja** limita tu gran poder de creación.

- **Revisa y cuestiona** los motivos que te mantienen en la queja continua.

- **Sé sabio** al escoger cómo, cuándo y con quién tienes tus momentos de desahogo.

- **Recuerda** que tú no *ERES* así, tú *DECIDES* ser así.

- **Cuando no sepas** qué hacer y comiences a quejarte, guarda silencio y respira. Tal vez en el silencio encuentres la solución.

Los desafíos son conquistados
en la mente primero

CAPÍTULO DIEZ

SUPERA TUS LÍMITES

"¿Por qué no sigues estudiando?"

Cuando estaba a punto de terminar mis clases de inglés como segundo lenguaje, "ESL", una de mis profesoras, Ms. Rose, me hizo esa pregunta y me sugirió que continuara estudiando el bachillerato.

En mi inocencia le dije: ¿Y para qué?

Ella, con esa sonrisa tan dulce que la caracterizaba, me vio y dijo: "Bueno, porque si tiene dos años de colegio podrías obtener un mejor trabajo y más dinerito".

Por supuesto, yo creía que ya había llegado a mi límite. En ese momento trabajaba como anfitriona en un restaurante con el sueldo mínimo, así que la idea de ganar "más dinerito" me llamó la atención. Le pregunté qué tenía que hacer y me mandó a la oficina de registro del colegio.

Recuerdo que me inscribí a dos clases básicas: Química y Nutrición. Gran error. Cuando estás aprendiendo un idioma nuevo y tomas clases con palabras que nunca has visto o escuchado, todo se vuelve una pesadilla.

Los profesores hablaban tan rápido durante las clases que no entendía lo que decían o me llegaban a preguntar. Cuando había que leer mis libros y hacer tareas, tenía que traducir palabra por palabra del inglés al español y después leerlo todo para saber qué decía. Lo que a un estudiante promedio le tomaba leer en 30 minutos, a mí me tomaba leerlo en 4 horas.

Varias veces me sentí inútil y quise renunciar, sentía que no valía la pena tanto sacrificio. Lloraba por las noches llena de frustración e impotencia. Pero algo dentro de mí me decía "Es temporal, sigue, tú puedes". Y así continuaba al día siguiente.

Poco a poco me fui adaptando a la velocidad de la voz de mis profesores, no sin antes grabar las clases y repetirlas una y otra vez durante mis descansos en mi trabajo.

Cuando estaba a punto de terminar los dos años de colegio, mi profesor de Leyes, Mr. Smith, me sugirió que entrara a la Universidad y le pregunté: "¿Y para qué?" Él me sonrío y me dijo: "Bueno, si llegas a tener una licenciatura, podrás obtener un mejor trabajo y ganar más dinero". Así que me indicó ir con un consejero académico.

Cuando llegué a la oficina de los consejeros académicos, una consejera me atendió. Le expliqué que me gustaría estudiar Negocios en la Universidad de Washington. Ella, sin preguntar nada, simplemente contestó: "Deberías estudiar otra cosa en lugar de negocios". Cuando le pregunte porque, ella me dijo: "Primero, porque eres mujer, eres latina y el mundo de los negocios está dominado por hombres".

En ese momento que la escuché hablar, sentí como si un fuego interno cubriera todo mi cuerpo. Deseaba decirle que ella no me conocía, que no tenía derecho de opinar así, que no era justo que le matara los sueños a la gente, etc. Lo único que hice fue levantarme, decirle gracias y salir huyendo de ahí.

En la vida encontrarás personas que te abrirán las puertas y te harán ver que hay algo más por vivir, como la profesora Rose y el profesor Smith. Y también encontrarás otras personas que te las cerrarán, como la consejera académica. Quizás no lo hagan por maldad, simplemente están reflejando sus propios miedos o límites.

Ambas personas te dejan grandes enseñanzas. En mi caso, decidí seguir los consejos de aquellos que me querían ver triunfar. El día de hoy cuento con una licenciatura y dos maestrías, gracias a las personas que me abrieron esas puertas.

Ahora, estará en ti poder ver la puerta que se abre y entrar corriendo o ver cómo te la cierran y quedarte afuera. ¡Los límites te los pondrás tú!

NO CIERRES ESA PUERTA

Algunas veces los límites te los pones tú mismo. Aun cuando has logrado tantas cosas, crees que no eres capaz de seguir logrando más. Es tu responsabilidad superar tus propios límites, continuar creciendo y evolucionando.

Pregúntate: "¿Qué límites te han detenido o crees que te detienen? ¿Qué puertas se han abierto y no te atreves a entrar?" El momento en que te des cuenta de que tienes la capacidad de superar tus límites, comenzarás a vivir nuevamente y a ver nuevas oportunidades a tu alrededor. ¡Tómalas!

Las oportunidades aparecerán de diferentes formas en nuestra vida, tal vez como sugerencia de alguien, un deseo espontáneo, una incomodidad, un pensamiento continuo, etc. El punto es no aferrarte inconscientemente a un determinado resultado o estilo de vida. Toma acción aun con tus temores y dudas.

Recuerda que la batalla más fuerte que tendrás que ganar al superar tus límites, es la mental. Porque no importa qué tantos sueños quieras alcanzar, cómo desees vivir tu vida; si no hay una tregua con tu diálogo interno, los límites serán cada vez más fuertes.

Así que comienza con límites pequeños. A veces queremos comernos al mundo cuando no sabemos ni qué papel jugamos en él. Por ejemplo: Crees que no puedes hablar un nuevo idioma, aprender a manejar, crear tu propio negocio, tener una relación de pareja saludable, estudiar, etc. y te detienes.

Quizá alguien más ve el potencial en ti, pero tú no lo ves. Si es tu caso, toma acción, aun cuando no sepas que estás haciendo o sientas ansiedad de no lograrlo. En la práctica iras aprendiendo y corrigiendo.

Por supuesto que habrá momentos en los que vas a desear renunciar, y tus emociones jugarán un papel esencial para tomar esa decisión. Si te dejas dominar por ellas en lugar de guiarlas, podrías tomar decisiones apresuradas.

Ahora, si de antemano sabes que todo es un proceso y que llegarán a tu vida caídas y crisis y aprendes de ellas, una y otra vez, podrás seguir adelante. El entender cómo piensas y actúas cuando se te presenta un desafío, te va a dar la gran ventaja de elegir tus acciones. El detectar, guiar y transformar tus emociones, te permitirá seguir rompiendo tus propios límites y descubrir lo que eres capaz de lograr.

La fortaleza de un ser humano no se puede ver a simple vista, ésta se desarrolla internamente y sólo se logra ver cuando rompes tus propios límites y alcanzas nuevas metas, conocimientos o formas distintas de vivir.

¿CÓMO SE ROMPEN LOS LÍMITES?

Los límites primero se rompen en tu imaginación. En el momento en que crees que puedes lograr algo y lo ves en tu mente, en ese momento estás listo para tomar acción y descubrirlo. Lo irónico de todo es que *tu misma imaginación también puede crear los obstáculos para detenerte.*

La mente es como un espejo que te muestra dos mundos al mismo tiempo y aquél que tenga más fuerza es el que vencerá. Habrá una lucha interna entre lo que quieres y lo que crees que puedes lograr, creando obstáculos para obtener tus resultados.

No hay atajos para romper límites y descubrir quién en verdad eres. Eso lo sabrás cuando te atrevas a lograr algo aun con el miedo de intentarlo. Y cuando al encontrar resistencia, la aceptes y aprendas a lidiar con ella.

En el momento en que aceptes la invitación de superar tus límites, experimentarás cambios inesperados, subidas y bajadas. Y aun sin saber a dónde llegarás, ten por seguro que será un lugar mucho mejor que donde te encuentras hoy mismo.

Cuando comiences a romper tus propios límites, necesitarás de toda tu confianza para aceptar cada resultado y experiencia vivida. Pero el aprendizaje que obtengas continuamente en tu camino te guiará hacia un nuevo límite donde tú decides: quedarte ahí o seguir avanzando.

Por supuesto el valorar las lecciones que cada experiencia te brinda, tanto en la crisis como en la victoria, renovará continuamente tu ser, pensamientos y acciones. ¡Cultívalas!

INSPÍRATE A TI MISMO

No permitas que alguien más decida qué tan lejos puedes llegar o hasta dónde está tu límite. A estas personas las encontrarás en tu camino o quizá vivas con ellas. Algunas veces los padres, la familia, los amigos o la misma pareja ponen los límites a tu crecimiento.

Algunos de ellos creen conocer más tu capacidad, talentos y anhelos y poco a poco van callando tu voz, y es donde la voz de ellos se hace más fuerte. No permitas que otros decidan por ti.

Es cierto, algunas veces no podrás alejarte de aquellos que no creen en ti, pero si podrás protegerte de su influencia. ¿Cómo? Disminuye el tiempo que compartes con ellos.

En el momento que decidas tomar consciencia de tu valor como persona, podrás vivir bajo tus propias expectativas y serte fiel a ti mismo. Camina a tu paso. No hay necesidad de competir con nadie. Tus límites, tú los superas desde tus actitudes y pensamientos.

Así que no te compares con aquellos que enfrentan los desafíos sin miedo alguno. Cada individuo está aprendiendo a superar sus propios límites y cargas internas a su propio tiempo.

Concéntrate en ti y en lo que eres capaz de lograr, porque *sólo tú serás el resultado de aquello a lo que te atreviste a soñar y superar.*

¡El límite lo pones tú!

PUNTOS DE REFLEXIÓN

- **Los primeros** límites que tendrás que superar son los mentales.

- **Está en ti** poder ver la puerta que se abre y entrar corriendo o ver que se cierra y quedarte afuera.

- **Los límites** se superan desde las actitudes y pensamientos.

- **No permitas** que alguien más decida qué tan lejos puedes llegar o hasta dónde está tu límite.

- **Tú serás** el resultado de lo que te atreviste a soñar y superar.

TERCERA PARTE

Reconstruye tu SER

El SER en el que te transformas durante

tu camino, es la mejor recompensa

cuando decides VIVIR.

*Un sueño no cumplido va
debilitando el espíritu*

CAPÍTULO ONCE

PERMITE RENACER

TUS SUEÑOS

Eres Más de lo Que Ves

Durante uno de los entrenamientos de liderazgo que doy cada año, una de las participantes, una señora hermosa y con una gran personalidad, dijo: "Yo creía conocerme y ahora me estoy dando cuenta de que en verdad no me conozco y por miedo dejé muchos de mis sueños sin cumplir".

Sus palabras se quedaron grabadas en mi mente por varios días, porque al igual que ella, yo y muchas personas hemos dejado en el camino sueños sin realizar. Con el paso de los años quizá aprendimos, por ejemplo, a dejar de soñar cuando nuestras metas no se cumplían o se alejaban cada vez más.

El dejar de soñar es una forma de protección. Te proteges a ti mismo de la desilusión o el fracaso cuando no logras tus metas. Te convences de que es mejor ser realista y dejar de soñar imposibles. Así te aseguras de que el impacto emocional que podrías sufrir es tolerable.

A pesar de ello, tus mismos sueños reclamaran su realización ahora o en el futuro. Llegará un momento en el que te sentirás un extraño en tu propio cuerpo, que no importará lo que hagas o digas, sentirás ese vacío interno al no estar viviendo lo que algún día soñaste vivir.

Curiosamente, cuando eres niño o aun joven, no tienes duda de lograr tus sueños. Hay una gran seguridad en ti y en tu capacidad de lograrlos. Todo lo ves posible y alcanzable. ¿En qué momento dejaste de creer en ti?

¿Aun recuerdas los sueños que quisiste lograr cuando eras niño? ¿Recuerdas cuando tu corazón se llenaba de gozo cada vez que pensabas en tus metas?

Aquello que te apasiona forma parte de tu vida. Aún hay en ti sueños grandes que quieres lograr e inconscientemente buscarás la forma de hacerlos realidad. Si estás leyendo este libro, es porque algo dentro de ti quiere renacer.

Ahora, la pregunta es: Si crees que aún es posible hacer tus sueños realidad, ¿estás dispuesto a trabajar por ellos?

EL SUEÑO QUE OLVIDÉ EN EL CAMINO

Comencé a trabajar desde que tenía 13 años como empacadora de un supermercado. Las jornadas no eran largas, así que estudiaba en la mañana y trabaja en las tardes.

Mi madre al principio se opuso, ya que ella deseaba que sólo estudiara. Aun cuando ella no tuvo estudios, deseaba que sus hijos los tuvieran. Así es que en cada oportunidad que tenía nos recordaba a mis hermanos y a mí la importancia de estudiar y tener una carrera.

Recuerdo claramente sus palabras: "Tú estudia hija, para que no tengas que pasar lo que yo pasé y puedas tener todo lo que quieras".

A pesar de que me fascinaba estudiar, aprender y soñaba con tener una carrera, el dinero se empezó a hacer prescindible en mi vida. Aún no terminaba la secundaria y ya estaba planeando buscar un trabajo que me pagara más y poder ayudar en mi casa o con mis propios gastos.

Así que decidí que después de terminar mi secundaria, estudiaría secretariado y así tendría la oportunidad de trabajar más rápido, dejando mis sueños de tener una carrera a un lado.

Lo interesante de la vida es que cuando crees tenerlo todo planeado, en un instante cambia todo. Es como si la vida te dejara saber que tú aquí sólo eres un espectador.

Muchas cosas pasaron en mi vida: me fui de mi casa cuando tenía 17 años. Fue cuando el trabajar no era una opción más, sino que se convirtió en una obligación. Por supuesto, esos sueños de seguir estudiando se fueron alejando y se me hacía cada vez más imposible lograrlos.

Años después, al emigrar de la ciudad de México a Estados Unidos, las cosas no fueran sencillas. Sin embargo, mi deseo de estudiar empezó a despertar nuevamente. Me preguntaba una y otra vez cómo hubiera sido mi vida si no hubiera permitido que mi sueño se durmiera.

Un día, al venir exhausta de trabajar como mesera, cruzaba un puente que tenía una vista espectacular hacia la Universidad de Washington. Al verla, sentí una gran emoción en mi pecho y me hizo recordar ese gran sueño que tenía desde niña, el de tener una carrera universitaria. En ese mismo instante simplemente volteé y dije: "No sé cuándo o cómo, pero voy a graduarme de esa Universidad".

Había tanta seguridad en mis palabras, que yo misma me sorprendí. Cinco años después me estaba graduando con honores de la Universidad de Washington. ¡Ten cuidado con lo que pides, la vida te lo puede conceder!

EL QUE BUSCA... ENCUENTRA

Cuando le das poder a tus sueños, aun dormidos, éstos renacen desde tu interior y se producen en tu exterior. Está en ti el estar atento para seguir o renunciar a ellos.

Por supuesto nada se te dará sin poner un esfuerzo o un trabajo para lograrlo. Tienes que pagar un precio. Todo es causa y efecto. Si trabajas, te preparas y aprendes, por consecuencia tendrás un resultado favorable. Si te quejas, renuncias o justificas tu vida, tendrás un resultado que quizá no te guste.

Tener el coraje de disciplinarte y aprender a decirte "NO" cuando sea necesario, serán algunos de los desafíos con los que tendrás que lidiar. La mayoría de la gente sueña con lograr grandes cosas en su vida, pero cuando saben todo lo que conlleva realizar esos sueños, prefieren renunciar.

Si sabes lo que deseas, busca la forma de lograrlo. ¿A quién tienes que llamar? ¿Qué oportunidades hay que buscar? Si alguien te dijo que no, busca a alguien más que diga sí. Pero no te detengas, no pares, no te rindas.

El dolor, la vergüenza o el miedo que sientes ahora no se comparara al dolor del arrepentimiento que sentirás cuando veas hacia atrás y estés en el mismo lugar.

Hay dolores que te marcan toda la vida y uno de los más grandes, es el arrepentimiento. Imagínate el final de tus días, recordando todo aquello que deseaste vivir y no te atreviste. Y sí, digo no te atreviste porque para lograr lo que quieres, necesitas valentía, disciplina y atreverte a enfrentar tus propias limitaciones.

La intención va de la mano de la acción. No sólo se trata de desear sino de actuar. Así que toma acción diariamente. No permitas que la falta de disciplina te limite y el conformismo gane la lucha.

ACLARA TU MENTE

Imagina cómo sería tu vida al lograr tus metas y los sueños que planeaste vivir. A veces creemos que no todo lo que soñamos lo lograremos, es cierto. Quizá no todos nuestros sueños se cumplan; sin embargo, el hacer todo lo posible por lograr la mayoría de ellos, nos hará sentirnos vivos. Cada sueño cumplido, por muy pequeño, será un recordatorio de lo grande que puedes llegar a ser.

El desafío está cuando vas adquiriendo más experiencia en tu vida y vas racionalizando tus vivencias. Estas racionalizaciones te bloquean y en tu camino vas aceptando barreras y minimizando sueños.

Al final, es más lógico encontrar una justificación a lo que no lograste, que aceptar que no te *atreviste*. Analiza lo que te dices a ti mismo y descubre si es sólo un autoengaño. Aclara tu mente para que veas la realidad. Hay una pequeña brecha entre lo que imaginas y lo que en verdad sucede.

Algunas veces, cuando ves tus sueños desmoronarse o los crees imposibles, prefieres vivir una vida de resignación o conformismo. No lo permitas. Aun cuando esa pequeña voz dentro de tu cabeza dice: "No puedes lograr eso", "no tienes la capacidad", "por lo menos estás mejor que mucha gente", "ya te tocó vivir así", etc., sigue adelante.

¿Cuántas veces has justificado tu situación actual o tu vida misma? ¿En qué parte del camino se desvanecieron tus sueños?

NO TE CONFORMES

Cuando una creencia es tan fuerte, no te permite ver más allá de tu realidad. Se nos ha condicionado a pensar que, si estamos mejor que alguien más, debemos ser agradecidos y conformarnos con nuestra situación actual.

Es cierto, seamos agradecidos y valoremos lo que tenemos o estamos viviendo en este momento. Sin embargo, ¿no será que nuestro mismo conformismo o miedo por intentar algo nuevo es el que nos mantiene en nuestra situación actual?

Con el paso del tiempo comienzas a crear un personaje en tu historia de vida que te hace creer que aquello que sueñas no es para ti. Por supuesto, de acuerdo con lo que creemos que será aceptado o deseado por otros. Así, poco a poco te conformas con tu vida y entierras tus sueños en los recuerdos.

No permitas que la culpa o inseguridad te detengan. Si tienes la oportunidad de crecer, tener y ser más, tómala. Permite renacer tus sueños nuevamente. No te conformes donde estás. No vivas insatisfecho. La insatisfacción sólo prolongará tus circunstancias.

Tienes la capacidad y habilidad de lograr aquello que algún día creíste lograr. No te minimices. No minimices tu poder de creación. Y si por alguna razón no crees tener las habilidades necesarias, prepárate, busca desarrollarlas y sigue adelante.

El tiempo pasará, pero que pase contigo logrando tus sueños y creando una nueva realidad. ¡Confía!

PUNTOS DE REFLEXIÓN

- **El conformismo** te apaga, apaga tus sueños, tus ganas de luchar y tu vida misma.

- **Cada sueño** cumplido, por muy pequeño, será un recordatorio de lo grande que puedes llegar a ser.

- **La rutina,** sin darte cuenta, poco a poco va desmoronando los sueños que algún día quisiste realizar.

- **La intención** va de la mano con la acción. Toma una acción diariamente.

- **No sólo** respires, vive y reinvéntate en lo que podrías ser.

La voz más silenciosa es la que te permite...

CAPÍTULO DOCE

UTILIZA TU INTUICIÓN

Descubre tu Otra Voz

¿Alguna vez has sentido esa pequeña sensación que te indica que no debes estar en cierto lugar? ¿Qué te alerta de tomar una decisión o acción?

Esa sensación que tal vez aparezca como un sentimiento, emoción, pequeña voz, imágenes, sonidos, "Dejà vu", etc., es nuestra intuición comunicándose. Un sentido que está incluido en nuestro propio ser y que lo hemos ido eliminado en la mayoría de las decisiones de nuestra vida.

Este sentido está más activo cuando somos niños y no hay barreras o juicios mentales. Sin embargo, conforme se va llegando a la edad adulta, el ver la vida de forma "realista" se vuelve parte de la maduración intelectual. Ese juicio constante a todo lo que nos rodea, lentamente va eliminando la confianza en nuestra intuición.

El ceder a la presión social de ser seres lógicos, llegamos a convencernos de que la mente es la única que tiene las respuestas correctas y vamos dependiendo de ella solamente. Callamos esa voz interna que nos habla a través de sensaciones que dicen: "No lo hagas", "algo no está bien aquí", "sigue", "detente", "toma esta decisión", "acepta", etc.

Al pasar los años se van desarrollando más el intelecto y la mente racional. De hecho, la mayoría de la gente guía su vida únicamente con base en lo intelectual o racional.

Vivimos en una sociedad donde se nos ha enseñado a darle más valor a aquello que se puede ver, tocar, medir o que está científicamente comprobado. Si no cumple con esos estándares, automáticamente se descalifica.

Algunas veces le damos más poder a las influencias externas para que nos indiquen qué hacer o qué decisiones tomar en nuestra vida. Poco a poco se va perdiendo la fe en lo que nos indican las sensaciones de nuestro propio cuerpo.

No nos damos cuenta de que en el momento en que se usen las diferentes capacidades como la emoción, la racionalidad, el intelecto y la intuición, la toma de decisiones será más efectiva.

RECONOCE TU INTUICIÓN

El ser humano es intuitivo por naturaleza. La intuición es el sentido de supervivencia que se desarrolló primero en nuestro ser. Pero no se ha aprendido a reconocer o utilizar como herramienta de vida. Quizá por la forma peculiar en que deja saber su presencia, que es a través de nuestros sentidos y sensaciones.

El no estar conscientes de las sensaciones que percibes e interpretarlas adecuadamente para entender tu mundo, estás eliminando valiosa información. Mas aún, estar consciente de ellas, pero ignorarlas o permitir que tu juicio interfiera, estás bloqueando grandes alternativas de vida.

Alguna vez te has cuestionado: ¿Por qué algunas decisiones son fáciles de tomar y en otras dudas todo el tiempo? ¿por qué cuando tomas una acción no te sientes feliz? Quizás tu intuición te está indicando algo.

Aún recuerdo cuando acepté un trabajo que, al segundo día de empezarlo, algo dentro de mí me decía que no estaba bien, que no era algo que quería hacer, que lo dejara. Pero mi lógica me decía que tenía que cumplir con mis compromisos y continué con él, callando poco a poco esa sensación. Fue entonces cuando mi cuerpo me comenzó a indicar de una y mil formas que lo dejara.

Primero, mi ojo me comenzó a temblar mil veces por minuto, al tercer día de estar trabajando ahí. Sentía ansiedad y ataques de pánico cada vez que estaba a punto de llegar al lugar. A pesar de que mantenía una actitud positiva y llegaba con toda la intención de disfrutar la experiencia, de una forma u otra, mi cuerpo me indicaba que tenía que dejarlo.

Así pasaron varias semanas, hasta que una mañana al levantarme y prepararme para salir a ese trabajo, me desmayé. Mi cuerpo completamente se apagó sin razón alguna. Fui al doctor y no se encontró nada, me dijeron que quizá era estrés.

Aun cuando mi intuición me estaba indicando de varias formas que ese no era mi camino, al siguiente día regresé a trabajar. Por supuesto, mi ojo seguía temblando y la ansiedad se agudizaba. Esa tarde, decidí hacer caso a mi intuición. Callé la voz de mi mente que decía: "No puedes dejar el trabajo, ya te comprometiste", "tienes un contrato firmado", etc.

En el momento que callé mi mente y le pedí a mi intuición que me indicara qué hacer, sentí una sensación de calor en mis manos y simplemente sabía que tenía que dejar ese trabajo. En cuanto dejé de trabajar ahí, el ojo dejó de temblar, mis hombros se relajaron y no volví a tener un mareo más. Una semana después, comencé a escribir mi primer libro.

Ahora comprendo que, al no hacerle caso a mi intuición, probablemente hubiera buscado otras formas de aliviar mi estrés y seguiría en esa posición, negándome la oportunidad de cumplir con uno de mis más grandes sueños: ser escritora.

Tu intuición tiene un conocimiento interno de ti y sabe qué decisiones o acciones son las más indicadas para el beneficio absoluto de tu ser. Sin embargo, es importante estar alerta y no dudar.

Es impresionante cómo uno espera a que pase algo fuera de nuestro control para tomar decisiones importantes. Se espera toda una vida para poder vivir, cuando es precisamente eso lo que se nos va, la vida misma.

¿Cuántas personas se quedan en relaciones aun cuando algo dentro de ellas les avisa que no son las indicadas? ¿Cuántas personas dejan pasar oportunidades aun cuando saben en el fondo que tienen que tomarlas? ¿Y cuántas personas dejan de vivir aun cuando saben que su futuro se está desvaneciendo entre sus manos?

Escúchate. ¡Tienes tanto por vivir!

INTUICIÓN vs MIEDO

También es esencial aprender a distinguir entre la intuición y el miedo. Aquello que tal vez crees que es tu intuición, podría ser tu propio miedo hablando.

La diferencia está en cómo lo percibes. Por ejemplo, la intuición se expresa o surge a través de símbolos, sensaciones o imágenes y donde no hay expectativa alguna, sentimientos o razonamientos. Es ahí, cuando nuestra interpretación tiene que ser totalmente neutral.

En el momento en que buscas un significado lógico o buscas respuestas racionales a lo que ves o sientes, tus emociones o tu mente están tomando el control. La mente racional comenzará a crear diferentes escenarios o posibles resultados negativos a lo que estamos percibiendo. Y es ahí cuando el miedo o ansiedad eliminan la intuición.

Imagínate cuántas cosas hemos dejado de hacer o vivir por no ser capaces de reconocer nuestra propia facultad intuitiva. La hemos callado por tantos años que cuando nos habla, simplemente no la sabemos reconocer. Cuando no entendemos lo que percibimos y lo eliminamos, estamos cerrando el camino a diferentes experiencias de vida.

PREGUNTA... Y ESPERA UNA RESPUESTA

La intuición es una gran aliada en la construcción de tu vida. Sólo se requiere reconocerla y usarla de manera estratégica. ¿Cómo? Practicando. Por ejemplo, al tomar una decisión, respira profundamente y espera una respuesta. Tal vez percibas ciertas sensaciones, olores, símbolos, ideas, etc. La interpretación que tú mismo le des, será ajena a lo que el intelecto o la mente indiquen. Algunas veces nada tendrá sentido, pero confía. Sólo el tiempo confirmará su veracidad.

Para aprender a escuchar e interpretar tu intuición sólo se requiere de práctica y mucha confianza en ti mismo. Recuerda que ya eres intuitivo por naturaleza. Sólo necesitas callar la mente racional por un momento antes de que los juicios del intelecto tomen la delantera.

Por ejemplo, cada vez que tengas una duda, pregunta específicamente y espera una respuesta. La tendrás. Sólo recuerda de no interpretarla en base a lo que crees correcto, ya que tus propios juicios eliminarán valiosa información.

Ahora, cuando quieres obtener una respuesta de tu intuición, tu mente tiene que estar tranquila. Así que busca un lugar donde puedas relajarte. Esto facilitará que estés atento a las sensaciones de tu cuerpo e interpretarlas adecuadamente.

Tu intuición no requiere de todos los hechos para hacer una predicción u obtener una respuesta. El desafío está cuando emocional o racionalmente te gustaría un resultado diferente. Es ahí, cuando no importa qué tantas preguntas tengas, las respuestas estarán en conflicto. Y es cuando la habilidad de identificar e interpretar tu intuición dependerá de qué tanto te conozcas a ti mismo.

Es importante aclarar que la intuición es una herramienta más en tu vida, no la única. Está ahí, esperando ser utilizada junto con tus otras capacidades como el intelecto, razonamiento y los hechos. El simple hecho de saber cómo funciona la intuición y utilizarla, te ayudará a tomar decisiones más efectivas en el diseño de tu vida.

De modo que, identifícala, cultívala y permite que sea parte integral en tu vida. Imagina por un momento tener la capacidad de tomar decisiones en donde no sólo tu mente, sino que tus pensamientos, sentimientos y emociones están totalmente de acuerdo.

¿Cómo crees que sería tu vida cuando lo que sabes, piensas, sientes e intuyes están en completa armonía? Por supuesto que comenzarás a vivir plenamente, porque existirá una coherencia total. Así que conócete y escucha esa voz que se ha callado por tanto tiempo. ¡La voz de tu intuición!

PUNTOS DE REFLEXIÓN

- **La intuición** juega un papel muy importante en la toma de decisiones. ¡Escúchala!

- **Son las pequeñas** preguntas las que abren la puerta a las más grandes decisiones de tu vida.

- **Mantente consciente** de las sensaciones que percibes, quizá te estén indicando algo.

- **Eres un ser** intuitivo por naturaleza. ¡No lo olvides!

- **Escucha tu** voz interna que se comunica a través de las sensaciones de tu cuerpo.

*Lo único seguro en la vida
es el cambio*

CAPÍTULO TRECE

CONTINÚA TU PROPIA EVOLUCIÓN

La Búsqueda Constante

A través de los años, el hombre ha buscado mejorar en cada uno de los aspectos de su vida. Debido a ese deseo por ser mejor y superarse cada día, ha llegado a obtener grandes descubrimientos. Tal vez por conveniencia, libertad, curiosidad, competencia o simplemente porque en su deseo de descubrir quién es, se reta a sí mismo.

Por otro lado, a pesar de esa constante búsqueda de ser mejores en el exterior, hoy más que nunca, se presentan altos niveles de estrés, depresión y suicidio. Es como si estuviéramos mejorando el hogar por fuera, mientras se muere la familia por dentro. Hay una total desconexión entre lo que se hace y produce y lo que se es y proyecta.

Poco a poco se nos está olvidando que *el compromiso de ser mejor cada día y evolucionar también tiene que ser interno y de forma voluntaria.* De lo contrario, nuestra propia creación nos consumirá.

Al no llegar a entenderte a ti mismo como ser humano, donde tú eres el explorador y hacedor, utilizarás el mundo externo como un escape a tu constante agitación mental. Esto creara trampas que detendrán tu propia evolución y lugar en este mundo.

¿QUÉ LUGAR OCUPAS TÚ?

La evolución humana en nuestra sociedad se mide por los grandes inventos realizados a través de la historia. Los cambios que se han producido para mejorar el bienestar diario han servido como punto de referencia.

Por otro lado, no importa qué tantos avances se tengan en esta época, si aún se sigue tan primitivo e ignorante mentalmente como hace miles de años. Si aún se vive esclavizado por ideologías, prejuicios, acumulación de opiniones e ideales colectivos que muchas veces ni uno mismo entiende.

¿Te has preguntado alguna vez en qué lugar de la historia se encuentra tu propia vida y evolución?

Es esencial entender que como individuos afectamos colectivamente todo lo que nos rodea. Así que, al no buscar tu mejoría continua y avance individual, te perjudicas a ti mismo y de una u otra forma al mundo entero.

Es cierto, el llegar a conocerte y evolucionar es un proceso desafiante y complejo. Algunos, por ejemplo, creen conocerse por todo lo que en un momento les dio identidad. Saben lo que les gusta y entienden qué papeles han jugado en la vida. Por ejemplo, han sido padres, hermanos, hijos, profesionales, empleados, parejas, etc. Pero esta acumulación de información no es suficiente para saber quién eres en verdad.

El aprendizaje sobre ti mismo nunca termina. En el momento en que aceptas permanentemente algo en ti, en ese instante tu propia evolución se detendrá. La proyección de lo que crees que eres te absorbe sin entender que eres un ser vivo, cambiante y en constante movimiento.

La evolución es lo único permanente y seguro que la vida nos brinda. Ese estado vivo de tu ser es el que puede permitirte modificar tu manera de vivir y enfrentarte a cualquier tipo de condicionamiento sin miedo alguno.

Por ejemplo: ¿Cuántas generaciones con un mismo pensamiento han evolucionado por ese miembro de la familia que decidió retar y cambiar los paradigmas establecidos? ¿Cuántas familias se beneficiaron por ese individuo que decidió iniciar su propio negocio y dejar de ser empleado? El futuro se transformó cuando una sola persona decidió cambiar la dinámica de la familia y no dejarse consumir por la rutina.

La pregunta es: ¿De qué forma tú vas a evolucionar hoy para cambiar tus futuras generaciones?

RETA TU CONFORMISMO

Incontables seres humanos han cambiado radicalmente su vida, retándose a sí mismos y a las expectativas ajenas. Tal es el caso de Nick Vujicic, que nació con el síndrome de Tetra-amelian. Es decir, sin brazos ni piernas. Tuvo que enfrentar grandes retos en su vida diaria e intentos de suicidio. Sin embargo, no se conformó y se retó a sí mismo a seguir evolucionando y vivir una vida plena. Hoy es un conferencista internacional donde inspira a millones de personas con su historia de vida.

Aun cuando este es un ejemplo extremo, es sólo para darnos cuenta de que todo ser humano tiene una capacidad infinita de superación, sólo necesita comprometerse a evolucionar y no conformarse con su situación actual.

Por supuesto, el proceso de evolución es desafiante. Tiene que haber una adaptación constante a todos y a cada uno de los cambios que experimentas. Esto crea dudas y miedos, no sólo para ti, sino para las personas a tu alrededor.

El experimentar cambios continuamente en tu vida y no lograr adaptarte a ellos, puede perjudicar tu propia existencia. Por un lado, puedes quedarte estancado, resistiendo todo a lo que no tienes control y debilitando tu fuerza interior. Y esto se refleja al vivir una vida que no te satisface, con altos niveles de estrés, depresión y frustración.

Por otro lado, cuando llegas a entender que para tu propia evolución hay que cambiar en todos los aspectos de tu vida, actúas y te adaptas inmediatamente.

Ahora, la decisión de evolucionar debe ser hecha por ti mismo y de forma consciente. No sólo buscando tu propio interés, sino el beneficio de tus futuras generaciones y las personas a tu alrededor.

Pregúntate: Si mejoraras tu vida en todos los aspectos, emocional, mental, financiero, espiritual, psicológico, laborar, etc., ¿crees que tus hijos, pareja, padres, amigos o futuras generaciones, se beneficiarían?

Claro que sí, sin la menor duda. El cambio y la evolución es individual, pero el beneficio es grupal. Por ejemplo, si aprendes a guiar tus emociones, ¿cómo crees que serían tus relaciones con otros seres humanos?

Si logras aprender nuevas habilidades que te permitan generar más ingresos, invertir o multiplicar tus ganancias, ¿cómo crees que se beneficiaría tu familia o comunidad a la que ayudas?

La evolución individual como seres humanos, por muy pequeña que sea, tiene el efecto dominó. Un pequeño cambio en nosotros mismos producirá una reacción en cadena de acontecimientos que beneficiaran a las personas a nuestro alrededor y por consecuencia a las futuras generaciones.

Sin embargo, es la resistencia al cambio la que más nos daña. El creer que estamos bien como estamos, que lo sabemos todo y que los cambios en nuestra vida no son necesarios, es lo que atrasa nuestra evolución.

El pasar por esta vida sin contribuir de alguna manera o esperar una seguridad absoluta para actuar, es una de las razones por las que nos estancamos y actuamos desde nuestro propio juicio e interés.

EL FUTURO QUE NO LLEGA

Por muchos años soñaba con dedicarme a algo que realmente disfrutara. Comencé a trabajar desde muy pequeña, primero como empacadora en un supermercado, luego como secretaria en una imprenta y una firma de arquitectos. Después, cuando llegué a Estados Unidos, comencé a limpiar casas, oficinas, fui anfitriona de un restaurante, mesera, cajera, pinté casas y departamentos, y di clases de español. Una vez que me gradué de la Universidad de Washington, mi primer trabajo fue como asistente ejecutiva de una organización sin fines de lucro y después comencé a dar entrenamientos de competencia cultural. A pesar de que cada uno de estos oficios me llenó de grandes experiencias y excelentes lecciones, muy dentro de mí, sabía que había algo más.

Y aun cuando no sabía qué era eso que tanto esperaba, en cada trabajo que tuve buscaba esas señales que me indicaran si estaba cerca. Cuando limpiaba oficinas en la noche, me imaginaba si tener mi propio negocio era lo que buscaba. Cuando era mesera, me preguntaba si disfrutaría el tener un restaurante. Cuando era asistente ejecutiva, llegué a pensar si el crear mi propia organización sin fines de lucro era el objetivo.

Es interesante ver todas las posibilidades que uno puede tener en la vida y, aun así, no tomar acción. A pesar de que deseaba algo diferente en mi propia vida, me resistía al cambio. Creía que estaba bien y que no era necesario evolucionar. Por supuesto, mi miedo interno era perder el control de lo poco que creía que tenía.

Quizá, al igual que yo, tú deseas algo más en tu vida. Y en el fondo sabes que puedes lograr más y vivir más, pero prefieres quedarte en un lugar seguro que tal vez te ha costado obtener. No te culpo, llega un momento en el que uno mismo se cansa de soñar y esperar un futuro que no llega o que, si llega, estamos tan ocupados que no llegamos a percibirlo.

COMIENZA TU EVOLUCIÓN

Si realmente quieres encontrar eso que tanto anhelas, es necesario evolucionar. No se pueden desarrollar expectativas altas basadas en el miedo de perder lo poco o mucho que tienes hoy. Y la evolución tiene que ser tanto en pensamiento como en acción. Actuar a pesar de tus miedos, dolor, excusas o dudas.

No se puede vivir en un nivel más alto de consciencia con el mismo nivel de mentalidad que has desarrollado hasta este momento. Tu estado evolutivo tiene que ir de la mano con tu evolución tanto mental, emocional y psicológica. Los deseos de tu mente y corazón se tienen que conectar para obtener los resultados que buscas y experimentarlos.

Así es que prepárate constantemente. Aprende cosas nuevas diariamente, un nuevo idioma, como negociar, como guiar tus emociones, etc. Mejora tus habilidades y esfuérzate en cumplir cada una de tus acciones con los más altos rangos de excelencia.

En tu misma evolución, habrá señales, ideas o pensamientos que te invitarán a construir nuevos estándares de calidad en tu vida. El secreto radica en estar alerta y consciente de los recursos que se te presentan para obtenerlo. Pero, sobre todo, no permitas que cualquier contratiempo o desafío te desvíe de la realización de tus metas.

Realiza todos los ajustes internos y externos que tengas que hacer en cualquier área de tu vida. Comienza esos cambios que aun te rehúsas a tener. ¿El objetivo? Darle un espacio a tu nueva realidad.

Cuando comienzas a estar consciente de cada una de tus acciones y no te dejas engañar a ti mismo con tus propias justificaciones, te darás cuenta de que estás evolucionando. Que estás dejando atrás a aquella persona que encontraba excusas en lugar de motivos para seguir adelante y ser alguien mejor.

La evolución comenzará a cambiar primero tu mente, pensamientos, emociones y después tus acciones. Entenderás que no podrás volver a ser la persona que algún momento fuiste y aun si lo intentaras, algo dentro de ti no te lo permitirá.

Un nuevo ser comenzará a surgir y una nueva vida comenzará a ser vivida. Ahí, querido lector, te darás cuenta de que ha comenzado tu evolución. ¡Atesórala!

PUNTOS DE REFLEXIÓN

- **La evolución** personal es interna y de forma voluntaria.

- **El cambio** te abre puertas a un desarrollo total de tu ser.

- **Adáptate** a la evolución de tu vida y disfrutarás más de ella.

- **El desarrollo** continuo de tu ser comienza con el deseo de superación.

- **Decide** **evolucionar** continua y conscientemente, los resultados te sorprenderán.

*Encuentra aquello que te hace
sentir libre y vibrar de emoción*

CAPÍTULO CATORCE

DISFRUTA TU LIBERTAD

Búsqueda Constante

Es sorprendente ver como el ser humano ha estado en la constante búsqueda de ser y sentirse libre. Incluso, la libertad es uno de los derechos humanos que más se busca proteger.

¿Cuántos ejemplos en la historia humana se pueden contar sobre las hazañas del ser humano en su deseo de poseer la libertad? Asimismo, numerosas historias de personas que perdieron su misma libertad para otorgar la libertad a otros.

No cabe duda de que nacimos con el deseo de ser y sentirnos libres. Sin embargo, hay una libertad que nosotros mismos hemos bloqueado y es la que nos detiene gran parte de nuestra vida, la libertad mental.

El mundo está lleno de personas libres físicamente, pero encarceladas mentalmente. Viven sus vidas llenas de culpa, rencor, indecisión y miedos, deseando lograr metas y cambiar el mundo, pero aprisionadas por sus propios límites.

La libertad es un estado mental. Una libertad que sólo se obtiene cuando estás dispuesto a superar tus propios límites desde tu interior. No es algo externo, *se lucha por fuera, pero se conquista por dentro.*

Esta libertad, por ejemplo, comienza cuando te aceptas a ti mismo de forma consciente sin juicios, engaños, miedos o condenas. Cuando aceptas con total libertad tu ser y estás consciente de quién eres sin historias inventadas o justificaciones creadas.

Cuando tienes la capacidad de aceptarte y eliminar todos los apegos que tienes de ti, es cuando nace tu libertad. Una libertad que te permite ser observador de tu propia vida.

Ahí, querido lector, comienza tu verdadera libertad. Libertad de todo lo que conoces y crees que te identifica. La libertad de ser tú mismo. La libertad de pensar sin esperar la aceptación o aprobación de alguien más. La libertad de tomar decisiones propias. La libertad de tropezarte y levantarte cuantas veces sea necesario. La libertad de no sentirte un ser inferior si fallas. La libertad de decidir qué hacer de tu vida cada día.

La libertad de decisión la tienes, ya existe en ti. Simplemente hay que comprometerse. El compromiso de tomar acción y ser responsables de los resultados es lo más desafiante de ejercer esta libertad.

En el instante en que tomas tus decisiones con responsabilidad y vivas de acuerdo con ellas, estarás elevando la calidad de tu vida. Estarás compartiendo con el mundo tu esencia pura y estarás derribando los miedos y límites que mentalmente te han atado.

SÉ UN REBELDE... PERO CON CAUSA

Cada día hay una invitación a ser libres. Será nuestra decisión cómo utilizamos esa libertad. Por ejemplo, aquellos que se autodenominan seres libres, se rebelan, cuestionan y demandan su libertad en cada aspecto de su vida. Tienen la idea de que la libertad es estar libre de responsabilidades o reglas. Se oponen o quejan de todo, de los sistemas, estructuras y regulaciones, sin proponer soluciones. Se convierten en rebeldes, actuando desde el ego y donde el único objetivo es ganar.

Por otro lado, aquellos que han aprendido el verdadero significado de la libertad, que han logrado grandes cambios en su vida y han revolucionado la historia de la humanidad, han sido personas libres de ataduras mentales y sí, rebeldes, pero rebeldes con causa. Su rebeldía está enfocada a algo productivo y genera acción.

Los rebeldes con causa son personas libres de ataduras mentales, que desafían la mediocridad y el conformismo de su propia vida. Se rebelan contra aquellas formas de pensar y actuar que los paraliza. Evitan quejarse de lo que no les agrada, sin ofrecer o buscar soluciones.

Los rebeldes con causa son aquellas personas que deciden arriesgarse a crear nuevas perspectivas de vida y enfrentarse a lo desconocido. Un rebelde con causa tiene muy claro lo que quiere y porqué lo quiere lograr. Hay un motivo detrás de cada acción y decisión.

Un rebelde con causa, por ejemplo, no cree todo lo que escucha, lo que ve o le dicen; está atento, lo cuestiona y entonces saca sus propias conclusiones. Se reta a sí mismo constantemente, aun cuando eso signifique ser o pensar distinto a los demás.

Un rebelde con causa sabe que, para lograr un cambio duradero, necesita un cambio de pensamiento y mentalidad primero. Está consciente de que el conocimiento llega a cierto nivel y que es necesario evolucionar para seguir avanzando. Pero es una decisión que toman por sí mismos, no impuesta por nadie más. Esa es su verdadera libertad.

Ahora, no es fácil ser un rebelde con causa, ya que requiere de fuerza mental y emocional para ser leal a uno mismo en los momentos más incomodos. Estar dispuesto a romper con reglas culturales, familiares o mentales. A sentir la presión de no encajar en un grupo que no piensa de la misma forma que tú y donde algunas veces tu opinión no es la más popular.

Si eres un rebelde con causa, te rebelas contra la apatía de no leer, aprender y evolucionar por ti mismo, te rebelas contra la incoherencia de decir una cosa, sentir otra, pensar una tercera y hacer una cuarta. Te rebelas contra la constante complacencia de decir SÍ cuando deseas decir NO y todo por el miedo al qué dirán.

Cuando eres un rebelde con causa sabes que tienes la libertad y fuerza mental para eliminar los hábitos que te han estancado hasta el día de hoy. Pero, sobre todo, tienes la libertad mental de eliminar tus propias excusas y miedos. Eso es realmente ser libre. ¿No crees?

CUESTIÓNATE

Cuando vives desde una libertad mental, cada decisión que tomes será tuya, sin dejarte influenciar por lo que la mayoría dice o impone. No habrá imposiciones ajenas o miedos a intentar algo nuevo o cambiar. Serás libre de buscar tus propias respuestas y soluciones y te quedarás con aquello que sólo te haga sentir satisfecho y pleno, en lugar de sufrir internamente porque deseas algo mejor en tu vida.

Recuerda que tu *LIBERTAD DE PENSAR Y APRENDER* no se negocia por ningún motivo. Esa libertad te permitirá auto conocerte. Entre más profundo sea tu autoconocimiento, más oportunidades tendrás de crear nuevas formas de pensar, actuar y vivir sin restricciones mentales.

Ese es el principal propósito de cultivar tu libertad interna de pensamientos y aprendizaje. Porque aun en los momentos más adversos, no se ha conocido tecnología alguna o método alguno en el que alguien te prohíba utilizar tu mente.

Nadie puede decidir por ti cómo o en qué pensar. Ese control y libertad te pertenece sólo a ti mismo. Aun si te prohibieran educarte, leer, o crecer, tienes la libertad de pensar y aprender de cada una de tus experiencias vividas. ¡Qué gran privilegio!

Tu libertad mental te permitirá comprometerte contigo mismo a ser fiel a tus principios y valores. Cuando te comprometes con tu conocimiento propio, tu libertad mental, que sólo a ti te pertenece, aumenta.

Hoy mismo tienes la libertad de pensamiento y acción, aprende a utilizarlos a tu favor. Identifica y utiliza tu poder de creación. Y sobre todo dale la libertad a tu mente de crear esa vida que tanto estas esperando VIVIR.

PUNTOS DE REFLEXIÓN

- **La libertad** es un estado mental que se adquiere día con día.

- **Cuando tienes** la capacidad de aceptarte y eliminar los apegos que tienes de ti, es cuando nace tu libertad.

- **Para lograr** un cambio duradero, se necesita un cambio de pensamientos y mentalidad primero.

- **Un rebelde** con causa se reta a sí mismo y se rebela contra sus propias excusas y miedos.

- **Libérate de ataduras** mentales y de todo lo que crees que te identifica.

CONCLUSIÓN

ESTE NO ES EL FINAL... es el principio de una vida que está esperando ser vivida y donde el único que puede tomar esa decisión, eres tú. Es momento de confiar en ti mismo. Dejar el miedo a *vivir* más que a morir. La vida te ofrece la oportunidad de ser libre mental, emocional y psicológicamente y de ahí buscar tu libertad financiera y personal.

Posiblemente lleguen momentos en tu vida en los que no creerás en ti, que dudarás de poder lograr tus metas, superar los obstáculos y ser capaz de hacer que las cosas sucedan. Tal vez dejes de vivir para comenzar a subsistir, dejes de sonreír para comenzar a fingir, dejes de anhelar y comiences a aceptar.

Cuando lleguen esos momentos de duda y cuestionamiento, escúchalos, porque son parte de ti, pero por ningún motivo o instante los aceptes o los creas. ¡Cuestiónalos!

Son esos momentos que la vida te otorga para inspirarte a crear una nueva realidad. Para decidir empezar a tomar consciencia de lo que has o no has creado en tu vida.

No te permitas vivir un día más una vida que no te satisface por el miedo o el conformismo. Esos estarán ahí, pero está en ti permitirles que se queden permanentemente y te limiten, o tomar acción.

Comienza con un sólo cambio, eso es lo que se necesita para tener impulso y continuar avanzando. Cada acción que tomas para vivir tu vida hoy, bajo tus propias expectativas, te inyectará más sueños y ganas de lograr tus objetivos mañana.

¿La recompensa?

La paz interna y alegría de llegar a ser un ejemplo vivo de superación y amor por ti mismo. Cuando cumples tus sueños y vives tu vida al máximo, inspiras a alguien más a hacer lo mismo.

Así es que vence todos los obstáculos o desafíos que sean necesarios, pero no te detengas. Otros quizá con más miedos que tú, necesitarán de tu ejemplo para atreverse a vivir la vida que ellos también desean vivir. Date a ti mismo y a otros el regalo de vivir sin ataduras y con una inmensa fe de superación.

No dejes este mundo sin haberlo experimentado en su totalidad. Que tu legado sea haber vivido tu vida plenamente. Que tu ejemplo sea la superación y alegría. Que tus lecciones sean la dignidad y coherencia. Que tu contribución a este mundo sea la superación de tus miedos y dudas. Que tu herencia sea la lealtad a ti mismo y los resultados de tu propia vida.

Tu vida ya te fue otorgada, ahora te toca a ti protegerla y desarrollarla...

Quizás, en un futuro muy cercano, cuando estés logrando los deseos de tu corazón y viviendo como lo imaginaste, serás tú quien le pregunte a alguien más:

Y tú, ¿qué vas a hacer cuando vivas?

Para estar en contacto con la autora escribe a:

✉ lauraevelia@regalanow.com
🌐 www.regalanow.com

Sigue en comunicación en:

📷 📘 ▶ Laura Evelia

www.ingramcontent.com/pod-product-compliance
Lightning Source LLC
LaVergne TN
LVHW091217080426
835509LV00009B/1035